내 마음의
　　　보석 상자

홍영선 수필집

내 마음의 보석 상자

초판 1쇄 발행 2022년 3월 30일

지은이 홍영선
펴낸이 이상규
편　집 원정란 · 김윤정
펴낸곳 에세이문학출판부

출판등록 2006년 9월 4일 제2006-000121호
주소 03134 서울시 종로구 돈화문로 10길 9, 405호(봉익동, 온녕빌딩)
전화 02-747-3508 · 3509　팩스 02-3675-4528
이메일 essaypark@hanmail.net

ⓒ 2022 홍영선
값 15,000원
ISBN 979-11-90629-18-8 03810

*저자와의 합의하에 인지는 생략합니다.
*잘못된 책은 바꿔드립니다.

내 마음의
보석 상자

홍영선 수필집

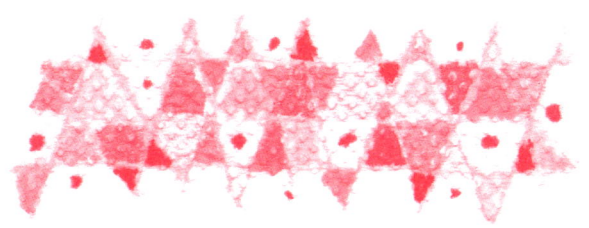

에세이문학출판부

작가의 말

50대 후반의 삶은 내게 무거웠다. 쉬고 싶었다. 그런데 상황은 브레이크가 고장 난 채 전속력으로 질주하는 기차에 타고 있는 것 같았다. 멈추고 싶은데 주변에서 아무도 동의하지 않았고 딱히 내릴 방법도 없었다. 하느님께서 내 기도를 들어주시어 기차를 세워주셨다.

몸이 아팠다. 그러자 아무도 기차에서 내리는 데 반대를 하지 않았다. 치료를 마치고는 한참 동안 멍하게 지냈다. 그때 친구의 소개로 한림대학교 대학원에서 열리는 수필 강좌를 수강하게 되었다. 점차 정신이 들었다. 지나간 삶이 하나, 둘씩 나의 뇌리에 떠오르기 시작했다.

수필을 쓰면서 아내와 딸들, 이제 세상에 계시지 않은 부모님, 멀리 사는 형님들과 누님, 어릴 적 친구들, 내가 담당했던 환자분들, 병원의 동료들, 그리고 그분들과 지내온 나의 삶이 되살아났다. 기억상실증에서 회복되듯 내 기억의 창고가 조금씩 채워지고 있었다.

돌아온 기억 속에는 기뻤던 일, 슬펐던 일, 후회스러운 일, 부끄러운 일 들이 모두 담겨 있었다. 내 마음속에 있던 가식, 자만, 아집, 탐욕 그리고 상처까지도 모두 드러나게 되었다. 수필은 내게 그 모든 것을 다시 만날 기회를 주었다. 돌아오지 않을 시간들. 그때 만났던 사람들, 모두 그립고 아쉽다. 다시 만날 수 있다면 얼마나 좋을까. 이제는 가능하지 않다는 것을 알지만 적어도 내 책 속에서는 오래 함께하기를 바란다.

살면서 그때를 생각하면 저절로 미소가 지어지고 가슴속이 훈훈해지는 순간이 누구에게나 있다고 믿는다. 떠올리면 절로 힘이 나는 보석 같은 순간들. 그런 보석 같은 상념들을 모아 책의 제목을 《내 마음의 보석 상자》로 정했다. 무엇보다 이번 수필집에는 살아오면서 경험한 긍정과 감사의 마음을 전하고 싶었다. 비록 미숙하더라도 진심을 담아 따뜻한 글을 실으려고 노력했다.

수필의 길로 이끌어주신 손광성 선생님께 깊이 감사드린다. 아울러 초고를 언제나 날카롭게 평해준 아내, 열정적인 합평을 통해 많은 도움을 주신 조선에듀문우회 문우들, 책을 내는 데 정성을 다해주신 에세이문학출판부에도 고마움을 전한다.

2022년 3월

홍영선

차 례

작가의 말 4

1. 수염, 또 다른 나

Shall we dance? 12
수염, 또 다른 나 18
내 마음속 사진첩 24
의사의 존재 이유 30
원기소 열 알 40
돌아온 냄새 46
지극히 정상입니다 50
사랑과 신뢰의 힘 56

2. 의사라는 직업

트루스 텔링(Truth telling) 68
어머니를 기다리며 73
의사라는 직업 79
외할아버지의 유품 88
잡초 93
하늘나라에서는 편히 지내길 98
감성 유전자 104
종이봉투 112

3. 감정의 덫에 걸리다

보리 120

아내의 방 127

따뜻한 실수 132

세신을 하며 138

감정의 덫에 걸리다 146

역지사지 154

가을 귀부인 162

소나무 가지치기 168

살구 잼 만들기 175

4. 망각

탈춤을 추다　182
행복 방정식　189
햇병아리 의사의 왕진　195
망각　200
벽난로 불 피우기　205
산에 가는 즐거움　211
한 번쯤은 전화를 받으실까?　217
벌레와 함께 살기　223

5. 죽음은 도둑같이 온다

상자 속 추억 여행 230

노인성난청 235

죽음은 도둑같이 온다 241

결혼식 주례 247

어머니의 캐비닛 252

또 다른 학교 258

풀 향기 264

작은 소망 269

1. 수염, 또 다른 나

Shall we dance?
수염, 또 다른 나
내 마음속 사진첩
의사의 존재 이유
원기소 열 알
돌아온 냄새
지극히 정상입니다
사랑과 신뢰의 힘

Shall we dance?

 병원 보직의 임기를 끝낸 직후였다. 밤낮으로 병원 전체를 살피고 나름 중요한 결정을 하다가 하루아침에 그 모든 것과 무관한 사람이 되었다. 마음 한구석이 뻥 뚫린 느낌이었다. 때로는 세상으로부터 버림받은 것 같은 생각이 들기도 했다. 이러다 우울증에 걸리지 않을까 하는 괜한 걱정마저 들었다.

 그때쯤 비로소 내 옆에 아내가 있다는 사실을 깨닫게 되었다. 바빴던 세월 동안 그 사람이 어떻게 사는지 전혀 관심을 갖지 못했다. 언제나 옆에서 말없이 모든 것을 살펴주고 도와준 그녀를 당연히 그래야 할 사람으로만 생각하고 있었다. 고맙고도 미안했다.

'이제라도 저 사람을 위해서 뭔가 할 것이 없을까?'

그러다가 문득 댄스 교습소 생각이 났다.

몇 년 전, 〈쉘 위 댄스〉라는 제목의 일본 영화가 인기를 끌었다. 평범한 회사원인 주인공은 어느 날, 매일 지나다니는 지하도 입구 옆 건물 2층의 댄스 교습소를 발견한다. 그곳에서 사교댄스를 배우면서 일어나는 사건에 관한 영화인데 아내와 같이 본 적이 있었다.

그 당시 선릉역 앞을 지나가는데 지하도 입구 옆 5층 건물 유리창에 '사교댄스'라고 써 붙인 것이 보였다. 아내가 나에게 넌지시 물었다.

"우리도 사교댄스 배울까?"

"바람날 일 있어?"

나는 단호하게 거절했다. 아내는 더 이상 말을 하지 않았다. 당시는 사교댄스에 대한 인식이 좋지 않았다. 내 생각도 마찬가지였다. 또 사교댄스를 쉽게 배울 기회도, 배운 댄스를 편하게 즐길 방법도 마땅치 않았다. 나에게는 사교댄스에 입문하는 그 자체가 엄청난 파격이었고 나와는 관계없는 다른 세상의 이야기일 수밖에 없었다.

그러나 세상이 변했다. 명칭도 '스포츠 댄스'로 바뀌었고 춤을 출 때 엄격한 예의와 몸가짐을 강조한다. 심지어 부부 단위로만 회원을 받는 곳도 있다. 과거의 어두운 이미지에서 벗어나려고 애쓴 덕에 스포츠 댄스에 대한 인식이 좋아졌고 배우려는 사람도 많아졌다. 또 텔레비전에서는 유명 연예인이나 체육인들이 프로 댄서들과 짝을 지어 스포츠 댄스 경연을 하는 〈댄싱 위드 더 스타〉라는 프로그램이 높은 인기를 누리고 있었다.

나도 변했다. 대학 후배의 부모님이 우리와 같은 아파트에 살고 계셨는데 십 년 이상 댄스를 배우고 계시다는 것을 알게 되어 도움을 청했다. 소개받은 선생님이 댄스를 가르치는 백화점 문화센터에 등록을 했다. 50대 후반에 배우기 시작하니 생각과는 달리 몸과 마음이 따로 놀았다. 하지만 동작들을 하나하나 배우는 과정이 재미있었고 우리에게는 기쁨 그 자체였다. 아내와 마음을 맞춰 춤을 추는 동안, 잊고 있었던 동지애 같은 것이 생겼다.

댄스에서 여성이 꽃이라면 남성은 그 꽃이 더 아름답게 보일 수 있도록 받쳐주는 꽃받침이라고 할 수 있다. 두 남녀는 상대에 대한 존중과 배려의 마음을 주고받는 만남을 이룬다. 춤을 배우기 시작하면서 속으로 제일 걱정되었던 것은 아내였다. 평소 감정 표현에 소극적인 데다가 몸을 움직여야 하는 운동을 별로 좋아하지 않았기 때문이었다. 조금 배우다가 중간에 그만두겠다고 할지도 모른다고 생각했다.

기우였다. 의외로 아내는 매우 적극적이었다. 게다가 잘 하기까지 했다. 자세도 좋았고 느낌도 좋았다. 연습할 때 보면 나비가 춤추는 것 같았다. 한 번에 두 시간 정도 배우는데도 전혀 힘들어하지 않았다. 시작하기를 잘했다는 생각이 들었다.

리듬댄스, 왈츠, 탱고, 차차차, 삼바, 룸바 등을 차례로 배웠다. 우리는 집에서도 틈만 나면 연습을 했다. 나는 여러 가지 춤 중에서 룸바를 제일 좋아했다. 음악도 감미롭고 빠르지 않으면서 우아한 춤이었기 때문이었다. 춤을 추는 동안 우리는 긴장되고 피곤한 일상에서 벗어나 꿈속에 머물 수 있었다.

2년쯤 지나니 순서를 틀리지 않고 추게 되었다. 선생님의 문하생들이 몇 달에 한 번씩 큰 강당을 빌려 댄스를 즐기는 기회가 있었다. 정식으로 복장을 갖추어 입고

추는데 십 년 이상 배운 사람들, 소위 고수들은 정말 프로 같았다. 우리도 많은 사람들 틈에 섞여 나름대로 댄스를 즐겼다. 그곳에서도 아내는 전혀 주눅 들지 않고 잘 추었다. 또 크루즈를 탈 기회도 있었는데 매일 저녁 댄스를 즐길 수 있었다.

댄스의 참맛을 알게 될 즈음이었다. 댄스 선생님은 우리를 문하생이 모두 모이는 댄스파티 시범에 참여하도록 계획하고 있었다. 그런데 갑자기 내 건강이 나빠졌고 힘든 치료를 받게 되었다. 물론 댄스도 중단할 수밖에 없었다. 그 후에도 건강을 회복하는 동안 댄스를 다시 하지 못한 채 몇 년이 흘렀다.

요즈음 예전의 댄스 동영상을 가끔 본다. 내가 언제 저렇게 추었었나 하는 생각이 들기도 한다. 지금은 스텝을 다 잊어서 몸이 따라줄지 자신이 없지만, 언젠가 체력이 회복되면 다시 춤을 추고 싶다. 아니 춤을 다시 시작하면 내 체력이 더 빨리 회복될지도 모르겠다. 무엇보다도 아름다운 드레스를 입고 꽃밭을 날아다니는 나비같이 우아하게 춤추는 아내 모습을 다시 보고 싶다. 그날이 오면 턱시도를 멋지게 차려 입고 아름다운 아내에게 정중하게 춤을 청할 생각이다.

"Shall we dance?"

수염, 또 다른 나

 영갑이 형은 털보였다. 큰형님의 대학 친구였는데 대구가 고향이었다. 큰 체격에 선한 둥근 눈을 가졌다. 수염 역시 많아 면도를 할 때는, 날이 시퍼런 이발소 면도칼을 사용했다. 사투리가 구수하고 성격이 부드러웠다. 나는 친형보다 '영갑이 형'을 더 따랐다. 성균관대학교를 졸업하고 나중에 해양대학을 다시 다니더니 어느새 항해사가 되어 있었다. 게다가 수염까지 길렀다. 제복에 수염, 잘 어울렸다. 그 형 때문이었을까? 그 후부터 수염을 기른 사람은 모두 푸근하고 믿음직스러운 사람으로 보이기 시작했다.

 한때 〈털보 가족〉이라는 미국 드라마가 인기였다. 검

은 수염이 얼굴의 반 이상을 덮은 영국 신사가 주인공이었다. 미국의 부유한 가정에서 집사로 일하며 어린이들을 돌보는 내용이었다. 그 배우를 좋아해서 방영 시간에는 텔레비전 속으로 들어갈 지경이었다. 그 드라마 이후 나는 수염을 기른 사람은 모두 인자하다고 생각하게 되었다.

또 미국 유학 시절의 내 지도 교수는 작은 키에 배가 나왔으나 수염을 풍성하게 기른 매력적인 사람이었다. 유태인이었는데 늘 진지하면서도 주변 사람을 끄는 힘이 있었다. 거기에다 지혜가 뛰어나고 토론을 즐겼다. 실험 결과를 가지고 가면 가끔 기상천외한 해석을 해주곤 했는데 결국 그것을 훌륭한 논문으로 탄생시키기도 했다. 그래서인지 수염 기른 사람은 왠지 지혜로운 사람으로 생각이 굳어졌다.

50대에 접어들면서 수염을 길러 보고 싶은 생각이 들었다. 하지만 당시 생존해 계시던 아버님이 허락하실지 자신이 없었고 또 직장 선배들 눈치도 보느라 감히 용기를 내지 못했다.

2년 전, 대학에서 명예퇴직을 한 바로 다음 날부터 매일 아침 거르지 않던 면도를 멈췄다. 드디어 수염을 한 번 길러 볼 셈이었다. 수염에 대한 오랜 동경을 더 이상 미뤄 둘 수 없었다.

게다가 4년 전 암 진단을 받은 사실도 영향을 주었을 것이다. 당시에는 너무나 급작스런 발병이었다. 그것에 대한 의미나 내 삶에 올 변화에 대해 생각해볼 틈도 없이 항암 치료를 시작했고, 의사로서 너무나도 잘 아는 항암제 부작용을 내 몸으로 다 겪어야 했다. 그중에는 전신의 털이 모두 빠지는 부작용도 있었다. 실험실의 누드마우스처럼 털이 하나도 없는 짐승이 되었구나 하는 자조 섞인 생각이 들기도 했다. 내 병실을 방문한 어느 신부님은 머리를 빡빡 깎은 나와 기념사진을 찍자며 천주교와 불교의 종교간 대화를 하는 것 같다고 농담을 했다.

처음에는 내가 암에 걸렸다는 사실을 인정할 수 없었다. 암으로 죽을 거라는 생각은 더더욱 들지 않았다. 내가 소위 암 전문의로 평생 암 환자 치료를 했는데 하는 생각이 꽉 차 있었으니까. 그러나 암 전문의도 확률은 피해갈 수 없었다. 손상된 자존심과 부쩍 늙어버린 겉모습을 남에게 보이고 싶지 않은 마음이었다.

젊어서는 수염이 기르고 싶어도 그리 빨리 자라지 않더니 나이가 들면서 수염 자라는 속도가 빨라지기 시작했다. 처음에는 구레나룻만 깎고 나머지는 손대지 않았다. 두 주가 지나니 코밑수염이 제법 자랐다. 그러나 인중과 아래턱 가운데에는 수염이 별로 없었다. 처음 알게 된 사실이었다. 하는 수 없이 아내가 눈썹을 그리는 연필로 수염이 성근 부분을 검게 칠했다. 인터넷에서 수염 다듬는 영상을 보고 배운 것이었다. 아내는 그것이 신기했는지, 기회가 있을 때마다 지인들에게 내가 수염을 그렸다고 아예 광고 방송을 했다.

수염 기르기 시작한 지 세 달이 채 안 된 때였다. 요양병원에 입원해 계시던 어머니가 잠깐 의식을 회복한 적이 있었다. 임종 며칠 전이었다. 내가 수염 기르는 것을 상상도 못했을 것이었다. 침대 옆에 있던 나에게 무엇인가 말씀하시려고 입을 움직였다. 어머니가 수염 기른 막내아들을 못 알아볼까 걱정이 되었다. 설명을 드렸지만 나를 알아봤는지 확실하지 않았다. 어머니는 곧 눈을 감았고 얼마 지나지 않아 다시 무의식 상태가 되었다. 내가 수염 기른 것을 후회한 적이 있다면 그 순간뿐이었을 것이다.

어쩌다 근무하던 병원에 가면, 수염으로 변신한 나를 얼른 알아보지 못하는 직원들도 있었다. 그것이 섭섭하기도 했고 한편 재미가 있기도 했다. 연예인같이 멋있다는 사람도 있는가 하면 지하철에서 자리를 양보하는 젊은이도 생겼다.

처음에는 몇 번이고 깎아버릴까 생각도 했다. 간혹 나에게 수염을 깎으라고 권하는 사람도 있었지만 못 들은 체했다. 평생 해보고 싶던 일이어서 쉽게 포기하기 싫었다. 수염은 나에게는 어린 시절부터 이어온 꿈이요 상상력이며, 내 안에 숨겨서 가꾸어 오던 '다른 나'이다. 또 맞닥뜨리고 싶지 않은 현실을 잠시 가려주는 가면이기도 하다. 이렇게 수염이 편하게 느껴지는 것을 보면 지금 나는 수염 속에 들어앉아 상처 입은 몸과 마음을 쉬고 치유하는 중인 것 같다.

나는 매일 아침 수염을 다듬으며 거울 속에서 스스로를 본다. 그 속에서, 늘 푸근하고 믿음직스러웠던 영갑이 형과 어릴 때 TV 드라마에서 만나던 털보 아저씨와 지혜롭던 미국 유학 시절의 지도 교수를 만난다.

이제는 내 수염을 스스로 바라보는 일도 익숙하고 편안해졌다. 언젠가 수염을 깎아야 할 타당한 이유가 생기면 깎을 수 있을 것이다. 하지만 가까운 미래에 그럴 만한 이유가 생기지는 않을 것 같다.

내 마음속 사진첩

 1990년 유학을 떠났다. 미국 텍사스주 휴스턴에 있는 엠디 앤더슨 암센터. 부교수 진급을 위한 해외 연수가 필요해서였다. 내가 일하게 된 곳은 종양 생물학과의 연구실이었다. 박사 후 연구원 자격으로 종양 생물학의 기초 연구를 했다.

 의과대학 교수로서 진료만 했을 뿐 실험실에서의 기초연구는 전혀 경험이 없던 나였다. 1학년 학생같이 배워야 했다. 같은 실험실에서 먼저 실험을 하고 있던 다양한 국적의 연구원들에게서 배웠다.

 영어로 대화를 해야 했는데 듣고 이해하는 것이 쉽지 않았다. 다행스럽게도 2~3개월 지나면서 실험실에서의 전문적인 내용은 그럭저럭 알아듣게 되었다. 그러나 실험실을 벗어나면 아직도 대화가 어려웠다. 휴스턴에는 아프리카계 미국인이 많았는데 그들만의 독특한 말투가 있었고 알아듣기 어려웠다. 거기에 남부 특유의 사투리까지 겹치면 대화는 거의 절벽 수준이 되었다.

실험용 시약을 고압에서 가열해야 하는 경우가 종종 있었다. 고압 가열하는 기계가 있는 방을 '키친'이라고 불렀는데 아프리카계 미국인 여성들이 일하고 있었다. 그들은 일단 사용한 실험용 유리그릇들을 가져다가 세척해서 고압 가열기로 소독한 후 말려서 실험실로 다시 가져다주는 일을 했다.

시약을 만들 때 고압 가열기를 사용해야 하는 경우가 처음 생겼다. '키친'으로 들고 갔다. 그러나 누군가 그 기계를 사용하고 있는 중이었다. 그 방에 있는 아주머니에게 언제 그 기계를 쓸 수 있는지 물었다. 무엇이라고 대답했으나 알아들을 수가 없었다. 몇 번 질문을 반복했으나 그 아주머니의 말을 이해하지 못해서 시약을 다시 들고 실험실로 돌아왔다. 결국 그날 저녁, 사람들이 다 퇴근한 뒤에야 그 기계를 쓸 수 있었다.

어느 날 실험을 하고 있는데 키친에서 일하는 아주머니들 중 한 사람이 소독된 실험용 그릇을 카트에 싣고 왔다. 제시라는 이름의 키가 작은 중년 부인이었다. 우리 동네 아주머니 같은 느낌이었다. 실험용 그릇을 넣는 장이 높은 곳에 있었고 제시는 발돋움해서 그릇을 넣었는데 그 모습이 위태로워 보였다. 나는 실험을 하다 말고 그릇 넣는 일을 도왔다. 제시 아주머니는 아무 말 없이 돌아갔다. 다음 날도, 그 다음 날도, 제시가 오면 나는 그릇들을 장에 같이 넣었다. 옆에서 일하던 미국인 연구원들은 내 행동이 이해되지 않는다는 표정으로 바라보았다.

어느 날 급히 시약을 고압 가열해야 하는 경우가 생겼다. 시약병을 들고 '키친'으로 갔다. 역시 기계는 다른 사람이 사용 중이었고 말이 통하지 않아 나는 실험실로 돌아오고 있었다. 뒤에서 한 아주머니가 불렀다. 제시는 아니었다. 손짓을 하며 말하는데 시약병을 놓고 가라는 것 같았다. 정확히 이해했는지 자신이 없었지만 시약병을 그곳에 놓고 돌아왔다.

얼마 후 실험을 하다 보니 내 실험대 위에 고압 가열

이 끝난 시약병이 놓여 있었다. 실험에 열중하느라 언제 누가 가져다 놓았는지 몰랐다.

그 뒤로도 나는 제시가 오면 으레 소독된 그릇을 장에 넣는 것을 도왔고, 제시는 고압 가열한 내 시약병을 가져다가 책상 위에 놓아주었다. 백인 친구들은 전에 이 실험실에서 이런 광경을 본 적이 없다고 했다.

그러는 동안 세월이 흘렀고 내 영어 실력도 조금 늘어났다. 점차 아주머니들의 말도 이해할 수 있게 되었다. 키가 작지만 당차 보이는 제시 아주머니, 키 크고 싱거운 로라 아주머니, 웃으면 가지런한 이가 예쁘게 보이는 린다 아주머니, 홀로 딸을 키우는 앤드리아, 어느새 우리는 아침에 일찍 출근하면 커피를 한 잔 들고 여러 가지 대화를 나누는 친구가 되어 있었다.

가끔 아주머니들이 가져온 음식을 얻어먹기도 했다. 제시 아주머니는 드레싱 맛이 일품인 샌드위치를 가져왔고, 로라 아주머니는 빵과 과자를 구워 왔다. 나에겐 이름이 생소한 치아바타를 주로 구워왔고, 깜빠뉴, 마들렌 등도 있었다. 나는 그중에서 깜빠뉴가 제일 좋았다. 린다 아주머니는 피자를 구워 왔는데 치즈의 맛이 좋아서 그랬는지 별 토핑 없이도 맛있었다. 젊은 앤드리아는 음식보다는 많은 이야깃거리로 사람들을 즐겁게 했고, 그 재미는 피자의 토핑 맛 이상이었다.

키친에서 아주머니들의 아침을 나눠 먹는 일은 내가 그곳을 떠날 때까지 계속되었다. 그녀들은 나를 한 가족이나 친구처럼 대했다. 그들의 그런 정서는 우리나라 사람들의 그것과 조금도 다르지 않았다. 음식을 함께 먹는다는 것은 식구가 된다는 것. 우리의 우정은 그로 인해서 날로 돈독해져 갔다. 우리는 식사를 하면서, 자기 집에서 생긴 일이나 가족들 이야기를 했고, 나에게 질병에 대한 상담을 해 오는 경우도 있었다.

그때, 로스앤젤레스에서 아프리카계 미국인들의 폭동이 일어났다. 로드니 킹이라는 청년이 과속을 했다는 이유로 경찰에게 잡혀 구타를 당하다가 사망한 뒤 일어난 폭동으로 나중에 그 사건과 별 상관이 없는 한인 상점들이 약탈당하는 일이 일어났다. 평소에 쌓여 있던 한인 교포들과 아프리카계 미국인들 사이의 섭섭한 감정이 폭발한 것으로 보였다. 휴스턴에서도 폭동이 일어날지 모른다는 이야기가 퍼졌고 장사하는 휴스턴 내 한인 교포들도 긴장하고 있었다.

어느 날 제시 아주머니가 그릇을 가져와 장에 넣고 있는데 옆에 있던 백인 연구원이 농담처럼 물었다.

"제시, 휴스턴에서는 별 움직임이 없어요?"

"아직은."

"그런데, 영선이 한국 사람인 것 알아요?"

제시 아주머니의 표정이 갑자기 변했고 나를 바라보면서 결연한 목소리로 말했다.

"Young is safe. He is my friend."

그들은 나를 Young이라고 불렀다.

2년의 연수 기간이 지난 후 우리는 안타까운 이별을 했다. 서로의 행복을 빌어주며. 어느 아주머니는 눈물을 보이기도 했다. 우리는 서로의 등을 두드려 주면서 이별의 아쉬움을 달랬다. 내 인생의 한순간에 만나 피부색도 다르고 처음엔 말도 잘 통하지 않았지만 서로의 진심과 우정을 나누게 된 친구들이었다. 길지 않은 시간이었지만 아프리카계 미국인 아주머니들과 마음을 나누었던 추억은 각별했다. 내가 외롭거나 힘들 때면 언제나 꺼내 보고 힘을 얻는 내 마음속 사진첩이 되었다.

의사의 존재 이유

의과대학을 졸업한 해 여름. 나는 경기도 양평군 단월면에 공중보건의사로 배치되었다. 그곳은 강원도와 접해 있었고 대부분 지역이 버스가 하루 한 번만 다니는 오지였다. 산 넘어 산. 산으로 둘러싸인 동네. 그나마 평지라는 것도 대부분 돌밭이었다.

나는 허리 디스크로 수술을 받은 경력 때문에 병역면제 대상이었다. 의과대학 졸업 후, 면제 판정을 받으면 형제들이 이민 가서 살고 있는 미국으로 가서 전공의 과정을 밟을 계획이었다. 그런데 그 해에 공중보건의사 제도가 생겨 예상 밖에 입대를 했고 무의촌 보건지소에 3년간 근무하게 되었다.

농협 건물의 한쪽 구석에 '단월 보건지소' 간판이 달려 있었다. 유리가 깨진 창문에는 거미줄이 쳐져 있고, 벽 한쪽에는 의자 세 개가 거꾸로 얹힌 책상이 뽀얗게 먼지를 뒤집어쓰고 있었다. 그 맞은편 벽에는 자물쇠로 잠긴 좁은 유리장이 서 있었다. 장 선반에는 군데군데 녹이 슨 산부인과 기구들이 빼곡히 놓여 있었다. 구석에 있는 조그만 방은 문이 떨어져 있었고 바닥에 장판도 없었다. 물을 쓰려면 건물 뒤에 있는 우물을 길어야 했고 건물 옆에 있는 잿간이 화장실이었다. 그런 곳에서 얼마나 버틸 수 있을지 막막하기만 했다.

무의촌 배치 전공의가 근무했던 것이 3년 전이라고 했다. 그 동네가 면 소재지였는데 한약방 한 곳과 초등학교 담장 옆 쓰러져 가는 건물에 양약방이 하나 있었다. 병원을 가려면 이웃 용문면까지 차를 타고 나가야 했다.

의사가 되어서는 처음 환자 진료를 하는 것이라 내심 두려웠다. '의사는 평생을 살얼음 밟는 기분으로 살아야 한다.'고 하셨던 교수님의 말씀이 떠올랐다. 처음에는 환자가 하루에 한두 명에 불과했다. 한 번 약을 처방하고 이삼 일 뒤에 다시 오시라고 해도 거의 안 왔다. 그렇다고 처음부터 장기 처방을 할 수도 없었다. 치료비를 내 딴에는 싸게 받았으나 그것도 외상으로 하자는 사람이 있었다.

미국 의사가 되려고 했던 나 자신이 부끄러웠다. 단월면으로 주민등록을 옮기고 아예 이사를 했다. 이사하는 날 어머니는 딸 시집보내는 것 같다고 서운해하셨다.

그런데 환자가 오질 않았다. 환자가 없는 것은 아니었다. 진료비가 걱정되어 못 오는 것 같았다. 아무리 의욕이 넘쳐도 환자가 없는 의사의 존재는 무의미했다.

면장님께 부탁해서 한 달에 한 번 열리는 이장회의 중 발언할 기회를 얻었다.

"저는 환자를 돌보기 위해서 정부에서 이곳으로 보내준 의사입니다. 의사는 환자를 치료하기 위해 존재합니다. 저는 24시간 내내 보건지소에 대기하고 있습니다. 만약에 환자가 없으면 나는 의사가 더 필요한 지역으로 옮겨갈 수밖에 없습니다."

호소 반 으름장 반이었다. 그러나 그것은 나의 진심이었다.

한 달쯤 흐르는 사이 환자가 늘어나기 시작했다. 환자

가 많은 날은 하루 60명 정도 되었다. 전에 이 지역에 파견되었던 전공의들이 한 달 동안 진료한 수와 맞먹는다고들 했다.

환자들은 기다리는 동안 진료실 책상 주위를 뺑 둘러싸고 서서 진료받는 환자와의 대화에 온갖 참견을 다 했다. 어떤 환자가 배가 아프다고 하면 누군가는 무슨 풀을 다려서 마시면 백발백중 나을 수 있다고 하고 또 다른 분은 자기만의 비법을 말해 나는 진료를 하면서 온갖 민간 처방을 다 들을 수 있었다. 어떤 아주머니들은 창문 밖에서 고개를 들이밀고 진료실을 구경하고는 했다. 무더운 여름을 정신없이 보냈지만 나는 점점 시골 의사로 자리를 잡아가고 있었다. 진료하다가 너무 더우면 잠시 냇가로 달려가 옷을 입은 채로 몸을 담그기도 했다. 한여름의 따가운 햇볕과 간간이 부는 바람은 진료실로 돌아오는 짧은 시간 동안 내 옷을 거의 다 말려주었다.

어느 날 말쑥하게 차려입은 초로의 할머니가 한 분 내 앞에 앉았다.

"할머니, 어디가 아파서 오셨어요?"

내 질문에 할머니는 팔짱을 끼더니 천천히 입을 열

었다.

"어디 한번 맞춰 보슈."

젊은 의사가 용하다는 소문을 들어서 직접 확인하실 요량인 것 같았다.

"할머니, 의사가 점쟁이인가요? 어디 아프신지 말씀을 하셔야 진찰을 하죠. 하하하."

청진기를 대고 나서 기관지 소리가 안 좋다고 말씀드렸다. 감기약 삼 일 치를 받아들고 가신 할머니는 그 후 내 단골 환자가 되었다.

어떤 날은 한 남자아이가 발에서 피를 흘리면서 왔다. 자전거를 타다가 발이 자전거 체인 사이에 끼면서 찢어졌는데 상처가 제법 깊었다. 아이 어머니는 통곡을 했다. 다친 아이가 걱정이 되기도 하고 치료비 걱정도 되어서 그러신 것 같았다. 아이 아버지는 건강 때문에 일을 못하는 형편이라고 했다. 정성껏 상처를 소독하고 꿰맸다. 치료비 걱정은 하지 말고 매일 데려오시라고 말했다. 다행히 상처는 잘 아물었다. 아이 어머니는 가끔씩 말없이 문밖에 채소를 가져다 놓았다.

할아버지 한 분이 며느님과 함께 오셨다. 배가 몹시

아프다고 몸을 웅크리고 계셨다. 변을 보신 지 일주일쯤 지났고 잘 드시지도 못했다고 했다. X-ray 한 장 없이 진단을 해야 하는 상황인데 중한 병이면 어쩌나 하는 걱정이 앞섰다. 배를 건드리지도 못하게 아파하셨다. 할 수 있는 것을 해보자 하는 생각으로 직장에 손가락을 넣어 보았다. 자갈 같은 딱딱한 대변이 가득 차 있었다. 정신없이 파냈다. 받쳐 놓은 신문지에 한 바가지쯤 쌓인 것 같았다. 진료실에 냄새가 진동했고 할아버지는 미안해했다. 연신 고맙다고 인사를 하시며 허리를 펴고 집으로 갔다.

3개월쯤 지난 후 진료 실적 통계를 내보았다. 한 달 500명 정도 환자를 보았는데, 그중 나름 일차적으로 치료를 했다고 판단한 환자가 90퍼센트를 넘었다. 그러나 중환자나 수술이 필요한 환자, 또는 이비인후과나 안과처럼 특수한 진료 시설이 필요한 경우는 큰 병원으로 가도록 권고할 수밖에 없었다.

어느 날 한밤중에 누군가 문을 두드렸다. 나가 보니 얼굴이 검고 깡마른 분이 부인에게 기대어 서 있었는데 수건으로 입을 가리고 있었다. 피를 토하는 것이었다. 오래 앓은 간경화 때문에 식도정맥류가 터진 적이 있었다는데 재발된 것으로 보였다. 빨리 택시를 불러 종합병원 응급실로 가시라고 했다. 수혈도 필요했고 원인을 확인한 다음 전문적인 치료로 지혈도 해야 했다. 부인은 고개를 좌우로 휘저었다.

"우린 돈 없어 큰 병원 못 가요. 선생님이 살려줄 수 있으면 살려주고 아니면 집에 가서 죽기 기다릴 수밖에 없어요."

차마 집에 가시라고 할 수 없었다. 내가 할 수 있는 치료를 했으나 피는 멈추지 않았다. 새벽녘에 혈압이 안 잡히더니 동이 틀 때쯤 환자는 이미 이 세상 사람이 아니었다. 최선의 치료를 못한 채 환자가 임종하는 모습을 바라보는 것은 햇병아리 의사에게는 힘든 일이었다. 국민의료보험이 아직 없던 당시 대부분의 농촌은 아주 가난했고, 병원 문턱은 높았다.

그 즈음 누군가가 '청십자 의료보험조합'에 대한 이야기를 들려주었다. 소설 《상록수》에 나오는 주인공의 모델로 알려진 장기려 박사가 만든 의료협동조합이었는데 채규철 선생님이 총무로 일하고 있었다. 채 선생님은 덴

마크에서 협동조합을 공부하고 박사학위를 받은 분이었다. 당시 부산 지역에서 가난한 사람들의 의료 문제에 많은 도움을 주고 있었다. 단월면에서도 민간의료보험을 시도해 볼 수 있지 않을까 하는 생각이 들었다. 물어물어 조합 사무실을 찾아갔다.

내 진심을 확인한 후 많은 지역 의료보험조합을 계획할 때 꼭 필요한 자료를 제공해주었다. 그 면에서 한 가구당 평균 5인 가족으로, 500가구 이상 가입하면서, 가구당 한 해에 쌀 한 가마씩만 내면 의료보험조합의 운영이 가능할 것으로 예상되었다. 의사 간호사의 월급을 조합비에서 지급하지 않는 조건이었다. 당시 쌀 한 가마에 5만 원 정도 했다. 간호사는 면사무소에 근무하는 보건요원 세 분을 파견받아서 같이 일할 계획이었다. 또 경기도청에 부탁하여 각 도립병원을 2차 병원으로, 나의 모교인 가톨릭대학교 부속 병원들을 3차 병원으로 활용할 계획도 세웠다. 채 선생님이 단월면의 기관장 회의에 와서 설명을 해주었다. 면장님을 비롯한 여러 기관장들이 관심을 보였고 급기야는 지역 자체의 의료보험을 적극 추진하는 것으로 결의가 되었다.

당시는 겨울이어서 당장 의료보험조합비를 낼 수 없는 시기였고 다음 해 가을까지 준비하여 추수가 시작되는 가을에 조합을 출범하기로 계획을 세웠다. 기관장들이 각 리를 분담해서 주민 설명회를 개최하기로 했다. 그동안 보험조합 설립 허가도 받고 주민들의 가입도 독려해야 했다.

너무 준비가 부족했으나 만약 그 시도가 성공한다면 자발적인 지역 의료 협동조합의 모델이 되고, 의료 혜택을 받지 못하는 가난한 지역 주민들을 실질적으로 돕게 될 것이었다. 실현 가능성도 높지 않은 일에 대해 처음에는 반신반의하다가 적극적으로 호응을 해준 기관장님들이 고마웠다.

그런데 1980년 2월. 갑자기 공중보건의사 인사이동 발령이 났다. 3월 1일자였다. 가슴이 철퍼덕 내려앉았다. 하늘이 무너지는 것 같았다. 경기도에 근무하는 공중보건의사들은 이유 여하를 막론하고 모두가 최전방 접적지역으로 가야 한다는 것이었다. 모두 서해의 섬으로 전근 발령을 받았다. 나는 행정 지역으로는 강화군에 속하지만 강화도 본섬에서 여객선을 타고 6시간 정도 걸리던 주문도로 발령이 났다.

결국 지역 의료보험 설립에 대한 나의 꿈은 거기서 중단되고 말았다. 청십자 의료보험조합의 도움도 무위로 돌아갔다. 단월면의 주민들을 들뜨게 했다가 실망만 안겨드린 꼴이 되었다.

그 후 나는 예비역 중위로 의무 복무 기간을 끝내고 대학병원으로 돌아가 종양내과를 전공했다. 평생을 대학 교수로 근무하다가 몇 년 전 퇴직을 했다. 세월이 흐른 지금 돌이켜 보면 그때가 나에게는 내가 옳다고 믿는 의사 본연의 모습과 가장 가까이 갔던 때였다.

나는 기회가 된다면 학생들에게 이런 어리석은 질문을 하고 싶다.

'의사가 이 세상에 왜 존재하는 걸까?'

원기소 열 알

 초등학교 1학년 때였다. 하루는 어머니가 무슨 약을 사가지고 오셨다. 흰색 플라스틱 통에 역기를 머리 위로 들어 올리고 있는 남자가 그려져 있었는데 그 속에는 노란색 알약이 가득 들어 있었다. 고소한 냄새가 났다. 원기소였다. 어머니는, 먹으면 힘이 나는 약이니 거르지 말고 매일 두 알씩 먹으라고 하셨다.

 어릴 적 걸음을 걷게 되기 전까지는, 고등학교 선생님이셨던 어머니가 출근하고 나면 가사 도우미 누나와 하루 종일 지내야 했다. 그러나 늘 혼자였다. 조금 커서 걸음을 걷게 되면서 밖으로 나갔다. 초등학교에 들어간 뒤에는 만화방에 가거나 동네에서 친구들과 놀면서 어머니가 퇴근하시기를 기다렸다. 해가 지면서 가게 앞 백열등이 켜질 무렵, 골목 저쪽 끝에서 어머니가 걸어오시면 나는 '엄마!' 하고 큰소리로 부르며 달려갔다. 그러고는 흙이 잔뜩 묻은 손으로 어머니에게 매달려 '우리 엄마야.' 하고 뽐내며 집으로 가곤 했다. 그럴 때면 어머니는 별 말씀 없이 미소만 지으셨다.

그러다 보니 낮 동안 무슨 일이 생기면 혼자 해결해야 했다. 자연히 나는 어릴 적부터 사람을 잘 사귀게 되었다. 세탁소, 이발소, 미장원, 구멍가게, 만화방, 기름집의 아저씨와 아줌마들과는 아주 친했다. 특히 세탁소에 가면 다리미에서 칙칙 소리와 함께 하얀 김이 나오는 것이 신기해서 가끔 일 없이도 구경을 갔다. 더구나 어머니는 월급을 탄 다음 날, 외상값 갚는 심부름을 어린 나에게 시키셨다. 그런 날에는 구멍가게 아줌마는 나에게 왕사탕을 몇 개씩이나 집어주시곤 했다. 또 매일 리어카를 끌고 오는 계란 아이스케키 아저씨, 번데기 장수 아저씨나 '달고나'를 파는 할아버지, 그리고 며칠에 한 번씩 자전거 짐받이에 선지 깡통을 싣고 지나가는 아저씨까지, 나와 친하지 않은 사람이 없었다. 그분들이 화장실이 급하다고 하면 어김없이 우리 집으로 안내했다.

그런데 단 한 사람 아무리 해도 친해지지 않는 사람이 있었다. 맞은편 줄의 맨 끝집, 마당 중간에 우물이 있어 '우물집'이라고 부르던 집에 사는 용철이었다. 용철이는 단단하게 생겼고 형과 누나가 있었는데 나의 형들과 같은 학년이었다. 용철이와 나도 같은 학년이어서 친할 법도 한데, 늘 나를 못살게 굴었다. 동네 아이들 앞에서 없는 일을 꾸며서 흉을 보거나 욕을 해댔다. 내가 아니라고 하면 주먹을 들이대면서 위협하거나 심지어는 때리기까지 했다. 나는 맞서 싸울 용기가 없었다. 반항도 못하고 언제나 뒤로 물러서는 것이 억울했으나 뾰족한 수가 없었다. 사실 나는 공놀이를 할 때만 용철이보다 조금 딸릴 뿐 별로 꿀릴 것이 없었다. 그런데 다른 아이들도 용철이에게는 꼼짝을 못했다.

어느 날 용철이가 또 나를 괴롭혔다. 그날따라 뭐라고 대꾸를 했더니 다짜고짜 주먹으로 때리는 것이었다. 나는 울면서 혼자 집으로 왔다. 집에 아무도 없었다. 참 분했다. 마당 수돗가에서 울면서 얼굴을 씻다가, 문득 원기소가 생각났다. 힘이 난다고 하지 않았는가. 어머니는 하루에 두 알씩만 먹으라고 하셨으나 더 먹으면 힘이 더 날 것 같았다.

나는 원기소 열 알을 한꺼번에 물과 함께 삼켰다. 조금 있으니 정말 힘이 펄펄 나는 것 같았다. 나는 단숨에 밖으로 뛰어나갔다. 망토를 걸친 '슈퍼맨'이 된 기분이었다.

아이들과 놀고 있던 용철이에게 다짜고짜 주먹을 디밀었다. 깜짝 놀란 용철이가 나를 잡고 넘어뜨리려고 했다. 나는 꿈쩍도 안 했다. 도리어 용철이가 넘어졌다. 정말 내가 힘이 세진 것이었을까. 발버둥 치는 용철이를 깔고 앉아 찍어 누르기만 하고 한참을 있으니 용철이가 울기 시작했다. 나의 KO승이었다. 아니, 원기소 열 알의 승리였다. 슈퍼맨이 된 나는 더 이상 무서울 것이 없었다. 나는 드디어 압박과 설움에서 해방되었다.

그때였다. 우물집 앞에 앉아서 구경을 하시던 용철이 할머니가 달려오더니 내 팔을 당겨 우리 둘을 떼어 놓았다. 그뿐 아니라 조금 후에는 용철이 누나까지 가세해서 한 팔에 한 명씩, 내 양팔을 붙잡았다. 싸움을 말리는 것이 아니라 나를 움직이지 못하게 꽉 잡는 것이었다. 그 틈에 일어난 용철이가 나에게 돌진, 주먹을 날렸다.

내가 누군가. 원기소를 열 알씩이나 먹은 슈퍼맨 아닌가. 양 팔을 붙잡혀 있으면서도 날쌔게 주먹을 피했다. 반격은 할 수 없었지만 소리를 지르면서 발버둥 친 나는, 용철이 할머니와 누나한테서도 풀려났다. 용철이는 어느새 사라졌고 그날 싸움은 거기서 끝났다. 나는 몹시 분했지만 더 이상 어쩔 수가 없었다.

그날 저녁, 낮에 있었던 일에 대해 들으신 어머니가 조용히 일어서더니 용철이네 집으로 가셨다. 잠시 후 용철이 할머니는 대문 앞까지 나와 어머니에게 구십도 각도로 절을 하셨다. 어머니가 무슨 말씀을 하셨는지 모르지만, 용철이 할머니는 나에게 하신 행동에 대해 사과한 것이 틀림없었다. 그날 한밤중에 잠을 깬 나는, 어머니가 윗목에 혼자 앉아 눈물을 닦으시는 것을 보았다. 나는 아무 소리도 내지 않고 계속 자는 체했다.

그날 이후 용철이는 나만 보면 슬슬 피했다. 뿐만 아니라 동네 아이들을 괴롭히는 일도 없어졌다. 초등학교 5학년 때 우리 집이 다른 동네로 이사한 뒤에는 다시 용철이를 만나지 못했다. 그 일은 자칫 나에게 마음의 상처를 남길 수 있었던 사건이었다. 그러나 어머니의 현명한

처리 덕분에 나에게는 별 후유증 없이 잘 해결되었다.

  원기소 열 알은 나를 잠시 슈퍼맨으로 변신시켜준 마법의 묘약이었고, 그 묘약을 주신 분은 바로 어머니였다. 나는 어른이 된 뒤에도 어려운 일이 닥칠 때 어머니가 주신 원기소를 마음으로 먹으면 바로 힘이 솟곤 한다.

돌아온 냄새

언제부터인가 내 몸에 이상이 생겼다. 돌이켜 생각해 보니 이미 여러 증후가 있었다. 새로 산 원두커피에서 향이 전혀 나지 않아 '벌써 냄새가 다 빠졌다.'고 혼자 툴툴거리거나, 방 안에 새로 꽂은 꽃을 보고 모두 냄새가 좋다고 하는데 나만 그것을 느낄 수 없다든가 하는 것 등이었다.

우리가 어떤 맛을 느끼려면 냄새를 맡는 것으로 시작한다는데 나는 워낙 입맛이 좋아서 그랬는지, 어떤 음식을 먹든 맛이 있어서 내가 냄새를 맡지 못한다는 생각은 꿈에도 하지 못했다.

젊은 시절 미국 유학에서 돌아온 후에 실험을 할 연구

실이 마땅치 않았다. 창문도 없는 방을 빌려 실험을 하면서 자극성이 강한 화학약품에 코 점막 손상을 받았다. 언제 이것이 회복될지, 과연 회복되기는 할지 장담을 할 수 없는 후각 장애인이 된 셈이었다. 그때부터 나는 어떤 냄새도 맡을 수 없었다.

10여 년 전, 의대 학생회에서 전북 고창의 한센병 환자 자활 마을로 하계 진료 봉사를 갔다. 의과대학 동창인 아내와 함께 격려 방문을 했다. 그 마을은 집집마다 돼지를 키웠다. 마을 초입에서부터 돼지의 똥 냄새가 진동을 했다. 처음 간 사람들이 그 냄새에 익숙해지기까지는 상당한 시간과 인내가 필요했다. 학생들 앞에서 냄새를 견디느라 애를 쓰고 있는 아내에게 미안하게도, 나는 전혀 힘이 들지 않았다. 같이 간 학생들이 오해했듯이 내가 봉사정신이 투철해서가 아니라, 냄새를 전혀 맡지 못했던 것이 이유라는 것을 금방 깨닫게 되었다.

몇 년 전 미국의 한 암센터로 단기 연수를 갔다. 병원 보직에서 물러난 뒤 단기의 안식년을 얻었다. 새로운 암 치료법을 익히기 위한 연수였다. 매일 아침 미국 의사들과 회진을 했는데 전날 먹은 한국 음식의 마늘 냄새를 가릴 목적으로 향수를 뿌렸다. 나에게는 향수 냄새가 나질 않아 괜찮으려니 생각하고 별 신경을 쓰지 않았다. 연수가 끝나고 돌아오기 전에, 그 사이 친해진 미국 교수가 나에게서 향수 냄새가 매우 진하게 났었노라고 얘기해주었다. 차마 그것 때문에 괴로웠었는지 묻지 못했다.

그런데 얼마 전부터 냄새가 돌아오기 시작했다. 어느 날 아침 엘리베이터를 탔다. 한 여성이 뚜껑 덮은 컵을 들고 서 있었는데 거기서 나오는 커피 냄새가 엘리베이터 안에 가득 찬 것이었다. 그 향이 너무 좋아 나도 모르게 크게 심호흡을 했다. 진한 경우에 한하지만 커피 향 뿐 만 아니라 꽃향기도 돌아왔다. 향수 냄새도 맡을 수 있게 된 것은 물론이다.

그런데 신기하게도 나쁜 냄새를 맡는 후각은 전혀 회복되지 않았다. 속이 안 좋은 사람이 옆에서 냄새를 피워도 전혀 느낄 수 없었다. 결국 나에게는 세상이 온통 향기로만 가득한 것 같았다. 만약 후각을 잃는 장애를 겪지 않았다면 나는 세상의 온갖 나쁜 냄새도 계속 맡아야 했을 것이다. 장애가 나에게는 도리어 축복이 된 셈이다.

우리 삶의 여정에서, 받아들이거나 감당하기 어려운 사건들이 예기치 않게 일어난다. 어떤 경우에는 불행해서 울고 또 그 일로 인해 우리의 삶 전체가 흔들리게 되는 경우도 있다. 우리의 생명과 관계된 일일 때 더욱더 그렇다. 종교를 가진 사람의 경우에는 '신이 정말 계신가?' 하는 의심을 하는 일도 없지 않다.

인생은 '塞翁之馬'. 어떤 불행은 다음에 오는 행복의 원인이 되는 경우도 있다. 또 어떤 이는 불행을 겪은 뒤 인생을 진정으로 이해하는 마음의 눈을 얻게 되고 성숙할 수 있음을 깨닫게 된다. 우리의 의지나 노력과 아무 상관없이 일어나는 인생사의 행복과 불행에 너무 깊이 좌우되지 말아야 할 것이다.

내가 나이가 들어간다는 증거일까? 힘든 일이 닥쳤을 때 쉽게 좌절하지 않고, 당면한 문제를 극복하기 위해 더 침착하려고 노력한다. 그것이 더욱 값지다는 것을 새삼 되새기는 요즘이다.

지극히 정상입니다

 요즘 들어 주변 사람 몇 분이 조심스레 말했다.
 "양쪽 어깨와 목이 너무 굽었어요. 신경 쓰고 펴 보세요."
 "늙어서 그런가 봐요."
 나이 들면 다들 그런 거 아니냐고 웃음으로 방어막을 쳤지만 마음은 편치 않았다. 거울을 보니 힘을 빼고 있으면 정말 어깨와 목이 앞으로 굽고 등이 둥글게 보였다. 체육관에서 트레이너 지도를 받으면서 6개월쯤 운동을 해서 어깨를 많이 폈는데도 그랬다.
 좁고 처진 어깨는 오랫동안 내 콤플렉스였다. 어깨에 가방을 메고 걸어가면 줄이 미끄러져 손으로 다시 잡아야 했다. 그래서 줄이 달린 가방을 좀처럼 사지 않았다.

젊은 시절에는 몸을 가꾸는 일에 돈과 시간을 들이는 것은 낭비라는 생각에 빠져 있었다. 하지만 몇 해 전 중병을 앓다가 회복되고 나니 몸 관리를 잘해 건강을 유지하는 것이 무엇보다 중요하다고 생각하게 되었다. 또 육체를 아름답게 만드는 것은 젊음의 특권이라는 사실도 뒤늦게 깨달았다.

나이 들면서 변화가 생긴 곳은 어깨만이 아니었다. 숱이 많던 머리카락이 빠지면서 내 정수리는 벼 벤 뒤의 논처럼 훵하게 비었다. 그뿐 아니라 단기 기억력도 줄었다. 금방 사용한 자동차 열쇠나 스마트폰의 위치를 기억하지 못하는 경우가 잦았다. 그래서 열쇠, 안경, 지갑, 스마트폰을 놓아두는 위치를 정해 두었다. 어떤 때는 외출 전 다림질을 하고 전기 코드를 뽑았는지 기억하지 못해 집으로 돌아간 경우도 있다.

언제부턴가 돋보기 없이는 책을 읽지 못한다. 약병이나 화장품 병에 있는 잔글씨를 읽지 못한 지 한참 되었고, 몇 년 전부터는 책이나 논문의 주석도 읽기 어려워졌다. 애써 책을 읽어도 이해가 잘 되지 않아 몇 번을 다시 읽는 경우도 생겼다. 그나마 스마트폰은 큰딸이 글자를 키워주어서 다행이었다. TV 자막의 작은 글자는 구분이 되질 않아 돋보기를 쓰고도 가까이 가서 읽는 경우가 다반사다.

듣는 데에도 문제가 생겼다. 조금만 거리가 떨어지면 소리는 들려도 무슨 말인지 이해하지 못하는 경우가 많아졌다. 그래서 동문서답을 하거나 대답을 못하기도 한다. 또 그토록 좋아하던 코미디 프로를 요즈음 잘 안 본다. 젊은이들의 유행어를 이해하지 못하는 경우도 있지만 잘 못 들어 단어 하나라도 놓치면 내용의 흐름까지 놓치기 때문이다.

게다가 근육의 힘도 약해지고 지구력도 많이 줄었다. 위험한 상황이 발생할 때 반응 속도가 느려져 뜻하지 않은 상처를 입기도 했다. 또 주변 상황 변화에 대한 이해가 느려졌기 때문인지 자동차 운전 속도도 전보다 줄었다. 나이를 먹으면 생길 수 있는 변화인 줄 알면서도 처음에는 무척 자존심이 상했다. 내게는 세월이 비껴갈 것으로 기대했던 것은 아니지만 기분이 언짢은 것은 사실이었다.

그렇다고 그런 변화가 모두 나쁜 것만은 아니었다. 머리카락이 흐트러지는 것을 싫어했던 나는 머리를 감으면 말리고 빗는 데 시간이 많이 걸렸다. 요즘에는 머리카락이 줄어 시간이 별로 들지 않는다.

기억력이 쇠퇴한 것을 인정하고 나서는 기록하고 확인하는 습관이 생겼다. 시력과 청력이 떨어진 덕에 TV를 보는 시간이 줄었고 대신 서예나 목각 같은 다른 취미활동을 할 시간을 얻었다. 또 대화할 때는 가급적 가까이 가서 눈을 쳐다보며 말한다. 그 덕에 상대에게 친밀감을 줄 뿐 아니라 상대를 존중하고 있다는 느낌을 줄 수 있어 좋다.

전보다 이해력이 떨어진 대신 참을성이 커지고 마음의 여유가 생겼다. 이젠 웬만한 남의 잘못은 용서하고 넘어갈 수 있게 되었다. 하기야 나도 부족한 점이 많으니까. 아직도 옛날 버릇이 남아 있어 간혹 발끈할 때도 있지만 그 횟수나 정도가 현저히 줄었다. 그래서 아내가 무척 편안해하는 것 같다. 또 주변의 변화에 대한 반응이 느려진 대신 서두르지 않고 주위를 찬찬히 살펴보며 즐기는 느림의 미학을 알게 되었다.

그러고 보면 나이를 먹는다는 것은 유행가 가사처럼 늙어가는 것만이 아니라 익어가는 과정이기도 하다. 기능이 약해지고 쓸모가 없어지는 퇴화의 과정만이 아니라 술처럼 잘 익어서 맛과 향이 좋아지는 숙성의 과정이 되기도 하는 것이다. 세월이 갈수록 늘어나는 마음과 신체의 부조화를 너그럽게 받아들이고 그 때문에 일어나는 실수마저도 자연스런 삶의 일부로 여기는 관대함이 여기에 가미된다.

대학병원에서 일하던 시절, 한 환자가 암 검사를 하고 결과를 확인하러 왔다. 걱정이 되어서인지 진료실에 들어와 자리에 앉지도 못하고 서성거렸다. 내 눈을 바로 보지도 못하고 내 입에만 온 신경을 쏟았다. 다행히 검사 결과에 아무 이상이 없었다. 나는 웃으며 말했다.

"정상입니다."

그는 믿기지 않는다는 듯 고개를 저었다. 나는 다시 말했다.

"지극히 정상입니다."

그 환자는 그제야 내 말을 알아듣고 환하게 피어났다.
우리 집에서는 언제부턴가 이 말이 유행어가 되어버렸

다. 나나 아내가 실수를 할 때면 서로 이 말을 나눈다. '지금 그 실수는 나이가 들면 누구나 할 수 있는 자연스러운 일이니 괘념치 말자.'는 뜻이다. 이 말은 주문처럼 작용해 서로의 마음을 편안하고 따뜻하게 만들어주는 효과가 있다. 그래서 터무니없는 실수로 불편하던 마음이 순식간에 치유가 된다.

며칠 전 아내와 저녁을 먹다가 팔꿈치로 국그릇을 잘못 건드렸다. 국물이 쏟아져 식탁에 흥건하게 고였다. 나는 속으로 실망스럽기도 하고 미안하기도 해서 흘낏 아내의 눈치를 보았다. 아내는 행주를 가지러 싱크대로 가면서 내게 말했다.

"정상입니다."

나도 웃으며 화답했다.

"지극히 정상입니다."

그렇게 주고받으며 우리는 서로를 훈훈하게 밝혀주고 있었다.

사랑과 신뢰의 힘

　11월 말. 첫눈은 진작 내렸고, 길 가는 사람들의 걸음걸이가 점점 빨라지고 있었다. 이제 더 이상 떨어뜨릴 나뭇잎이 남아 있지 않은 가로수는 엉거주춤 서 있고, 성급한 레코드 가게 주인이 틀어 놓은 설익은 크리스마스 캐럴은 이 세상 것이 아닌 양, 허공을 맴돌고 있었다.

　내과 레지던트 1년차 11월 마지막 토요일. 순환근무 계획에 따라 S병원 종양내과로 옮긴 첫날이었다. 30명이 넘는 암 환자의 병실 주치의가 되었다. 일반적으로 레지던트를 시작하는 3월에는 환자가 무서워 벌벌 떨다가, 병실 주치의로 1년 가까이 지내고 나면 경험이 늘어 어떤 환자를 만나도 다 감당할 수 있다는 자신감이 생긴다.

그런데도 암 환자를 보는 것은 두려웠다. 그분들의 얼굴에 드리워진 죽음의 그림자를 똑바로 쳐다볼 수 없었기 때문이었다.

당직실 전화가 울렸다. 병동 간호사의 다급한 말소리.

"선생님, 악성림프종으로 입원한 16세 남자 환자예요. 빨리 와 보셔야겠어요."

주삿바늘 자국에서 피가 멈추지 않고 배가 팽창하면서 숨까지 차다는 것이었다. 서둘러 숙소를 나서는 다리가 무거웠다. 내가 해결할 수 있는 상태가 아니면 어떻게 하나, 걱정이 병실을 향해 가는 내내 목덜미를 끌어당기고 있었다.

민호는 중3이었다. 목과 겨드랑이, 또 사타구니에 탁구공 크기의 덩어리가 만져졌고 얼굴도 퉁퉁 부어 있었다. 몸 여기저기에 마치 잉크가 번진 것처럼 멍이 들어 있었다. 주삿바늘을 찌른 자리에서 피가 계속 나와, 거즈 뭉치로 누르고 있었다. 배도 팽창해진 것이 복수가 찬 것 같았다.

주말 내내 입원 환자 파악을 하는 사이사이, 틈만 나면 민호에게 갔다. 민호 아버지와 교대로 출혈 부위를 눌렀다. 지금처럼 다양한 혈액제제나 혈액응고인자 같은 것을 사용할 수 없었던 1980년대 초. 그것이 내가 의사로서 그 환자에게 해줄 수 있는 유일한 조치였다. 그러나 노력에도 불구하고 다음 날까지 출혈은 계속되었다.

월요일 아침 회진 시간. 아직 창밖에는 어둠이 다 걷히기 전이었다. 종양내과 L 교수님이 회진을 오셨다. 당시 한국에서 몇 명 안 되는 미국 종양 전문의였다. 회진 분위기는 엄숙했다. 교수님 얼굴에서 광채가 나는 것 같았다. 마치 성직자 같은 느낌이 들었다. 회진 중에 환자 한 사람 한 사람의 손을 잡고 그분들의 이야기를 다 들어주었다. 환자들이 편안해했다. 그때 처음 만났지만 나도 교수님 같은 의사가 되고 싶었다. 여러 가지 지시를 했는데 마치 신이 내리는 신탁 같아서 단 한마디도 어기면 안 될 것 같은 생각이 들었다.

민호의 골수 검사를 했다. 치료 방침을 결정하려면 꼭 해야 하는 검사였다. 팔에서 나던 피가 아직 멈추지도 않았는데 엉덩이에 큰 구멍을 또 내야 했다. 하는 수 없이 또 출혈 부위를 눌렀지만 원망스럽게도 출혈은 영원히 멈추지 않을 것만 같았다. 그러나 민호는 불평 한마디 없이 잘 참아주었다. 그나마 다행이었다.

"선생님, 저 나을 수 있어요?"

아버지가 곁에 없을 때 민호가 머뭇거리며 내게 던진 유일한 질문이었다.

당시에는 레지던트 1년차가 응급실 환자를 돌보는 시간을 제외하고는 24시간 입원환자를 지켜야 했다. L 교수님은 외래에서 환자를 입원시킬 때 이렇게 말씀하셨다.

'병실에 가시면 홍 선생님이 있는데, 제가 가장 믿고 사랑하는 동료입니다. 잘 돌봐드릴 겁니다.'

예나 지금이나 환자들에게 레지던트 1년차를 이렇게 소개하는 교수님은 드물다. 환자들은 병실에 입원하면 제일 먼저 '홍 교수님'이 어디 계신가 하고 찾았다. 그 덕에 나에 대한 환자들의 신뢰는 처음부터 높은 편이었다. 또 나는 이른 새벽부터 밤까지 틈만 나면 병실을 순회했다. 그래서 환자와 대화를 많이 했고 가족같이 친해지기도 했다. 또 환자의 최근 상태와 문제를 누구보다 잘 파악하려고 노력했다.

악성림프종이 의심되지만 확진이 되기 전에 항암제를 쓸 수 없다는 사실을 설명했다. 민호 아버지는, 병 상태가 너무 심각해서 치료를 해도 결과가 좋지 않을 가능성이 높고, 항암 치료의 부작용이 나타나면 효과를 보기 전에 민호 상태가 위험해질 수 있다는 사실을 잘 이해했다. 그러면서도 이왕 큰 병원에 왔으니 항암 치료를 한 번만이라도 해보면 소원이 없겠다고 했다. 민호 아버지와 나는 금방 형제같이 친해졌다. 온화하고 침착한 분이었다.

내가 의사로서 능력이 부족함을 절실히 느낀 것이 그때가 처음인 것 같다. 항암제 치료를 하지 않으면 생명을 잃게 될지도 모른다는 두려움, 항암제 치료를 하면 부작용 때문에 상태가 더 나빠질 수도 있다는 불안감. 앞에는 호랑이요 뒤에는 사자인 셈이었다. 그렇지만 악성림프종이 맞는다면, 항암제에 잘 듣는 암이어서 부작용만 잘 견디면 완치의 가능성은 높은 편이었다. 내 가족이라도 항암 치료를 권했을 것이다.

그런데 민호의 상태가 점점 악화되었다. 치료도 못해보고 민호를 잃게 되는 것은 아닌가 하고 모두들 애태우며 조직 검사 결과를 기다리고 있었다. 다음 날, 드디어 고대하던 결과가 나왔다. 악성림프종이었다. 아침 회진 시간에 교수님께 보고했다. 잠시 생각하시더니 CHOP 항암

치료를 해야겠다고 말했다. 나는 그것이 항암제 투여 지시라고 생각했다

아침 회진이 끝나자마자 모든 일을 제쳐두고 민호의 처방부터 했다. 같이 걱정하던 간호사들이 병실 약국에 부탁해서 일찍 항암제를 받아왔다. 서둘러 주사를 시작했다. 민호 아버지는 연신 고맙다고 인사를 했다. 나도 한고비 넘겼다고 생각했지만 치료 결과가 어떨지 장담할 수 없는 상태였다.

"의사는 환자를 돌볼 뿐이고, 병은 신께서 치료하는 것입니다."

예과 시절 의사학 교실 주임 교수님께서 하신 말씀이 떠올랐다.

점심시간. 병동에서 다른 환자와 면담을 하고 있는데 L 교수님이 올라오셨다. 흔치 않은 일이었다. 교수님은 팔짱을 끼고 창밖을 바라보면서 천천히 말을 시작했다.

"홍 선생, 민호 항암제 치료를 해야 하는데. 에… CHOP에서 싸이톡산, 아드리아마이신은 3분의 1만 먼저 주고, 프레드니손과 빈크리스틴은 다 주세요. 그리고…"

"네? 민호 항암제 벌써 다 들어갔는데요…. 풀 도스

로요."

내가 황급히 교수님의 말을 가로막았다.

"뭐? 벌써 줬어? 그것도 풀 도스로? 아이구!"

순간 가슴이 철렁 내려앉았다. 숨이 멎고 땅이 꺼지는 것 같았다.

교수님의 말씀은 그날 3분의 1만 먼저 주고 부작용이 나타나는 정도를 봐서 더 투여하려고 했다는 것이었다. 전에 없던 투약 방법이었다. 교수님은 더 이상 아무 말씀 없이 병동을 떠나셨다. 그날따라 창밖에는 을씨년스러운 겨울비가 내렸고, 병동 구석구석은 교수님의 굳은 표정이 가득 차 있었다.

"의사는 중세 도제제도의 전통이 아직도 남아 있는 몇 안 되는 직업 중의 하나입니다. 도제제도에서는 장인이 모든 결정권을 가지고 있었고, 도제는 그 결정에 절대 복종해야 했습니다."

예과 시절 의사학 교수님께서 하신 말씀이 커다란 해머처럼 내 정수리로 떨어졌다.

L 교수님도 민호가 항암제를 견딜 수 있을지 확신이 서지 않아서 고심을 하신 것 같았다. 일반적으로 항암제

의 양을 줄이면 부작용을 줄일 수 있다. 그 대신 치료 효과도 줄어들 가능성을 각오해야 한다. 그래서 환자의 몸 상태가 너무 나쁘면 항암제 투여를 하지 않고 상태가 충분히 좋아질 때까지 기다리는 것이 원칙이다. 그러나 교수님은 민호 상태가 계속 나빠지고, 얼마나 견딜지 아무도 모르는 상황이어서 마냥 기다릴 수 없다고 판단했던 것이다.

항암제를 처방하기 전에 교수님 지시를 다시 한번 확인했어야 했다. 정말 그랬어야 했다. 나의 성급한 결정에 대해서 아무도 책망하지 않았지만 민호가 잘못되면 내가 어떻게든 도의적 책임이라도 져야 하겠다고 생각했다. 최악의 경우 의사의 길을 접어야 할지도 모른다는 생각까지 했다. 순간 두 돌을 갓 넘긴 큰딸과 아내의 얼굴이 불안하게 나를 내려다보고 있었다.

나는 민호 아버지에게 상황을 있는 그대로 설명했다. 그것이 나를 절대적으로 신뢰해준 그분에 대해 보답하는 유일한 길이었다. 민호 아버지는 아무런 원망도 하지 않았다. 도리어 항암 치료를 해본 것만으로도 소원을 풀었노라고 하면서 나를 위로해주었다. 그날 저녁에는 차마 민호의 병실에 가볼 수가 없었다. 전화 벨소리만 울리면 깜짝깜짝 놀랐다. 다행히 병실에서 호출은 없었다. 나는 뜬눈으로 밤을 새웠다.

다음 날 이른 아침, 병실 순회 시간. 민호의 병실 앞에서 멈췄다. 몇 번이고 심호흡을 한 후에야 병실로 들어갈 수 있었다. 민호 상태가 과연 어떨지 궁금했지만 선뜻 그쪽을 쳐다볼 수가 없었다. 옆의 환자부터 살폈다.

다음 민호 차례. 시선을 돌리는 순간 깜짝 놀랐다. 내 걱정과는 달리 얼굴이 부은 민호는 온데간데없고 잘생긴 학생 한 명이 침대에 앉아서 환한 웃음으로 나를 맞이하는 것이었다. 숨 차는 증상이 없어졌고 양쪽 목에 보이던 덩어리도 눈에 띌 정도로 줄어 있었다. 얼굴도 부기가 빠져 작아 보였다. 출혈도 멈췄고 팽창했던 배도 많이 가라앉아 있었다. 식사도 조금 했고 오랜만에 잠도 잘 잤노라고 했다. 악성림프종이 항암제에 반응을 보이기 시작한 것이었다. 민호 아버지는 옆에 서서 '그것 보세요. 내가 뭐라고 했어요?'라는 듯 웃고 있었다. 온갖 나쁜 상상을 했던 나는 일시에 팔다리에서 힘이 빠졌다. 하룻밤 사이에 10년은 늙은 것 같았다.

민호는 다행히 항암제 부작용도 잘 이겨냈다. 예정된 6차의 항암 치료를 끝낸 뒤 촬영한 CT 사진에는 민호의 악성림프종이 완전히 사라져 있었다. 그리고 민호는 무사히 학교로 돌아갔다.

환자의 경과에 대한 의사의 예측이 틀리는 경우는 종종 있다. 무릇, 병의 치료는 약만 가지고 되는 것이 아님을 말하는 것이리라. 민호는 다행히 항암제의 부작용을 무사히 극복하고 좋은 치료 결과를 얻었다. 그것은 햇병아리 의사인 나와 의료진에 대한 굳은 신뢰와, 민호를 진심으로 걱정했던 모든 의료진의 사랑의 결과였다고 굳게 믿고 싶다. 하느님께서도 그것을 보시고 기뻐하셨으리라.

환자와 의사 사이의 사랑과 신뢰. 나는 지금도 그 힘을 믿고 있다.

2. 의사라는 직업

트루스 텔링(Truth telling)
어머니를 기다리며
의사라는 직업
외할아버지의 유품
잡초
하늘나라에서는 편히 지내길
감성 유전자
종이봉투

트루스 텔링(Truth telling)

진료실로 얼굴이 검고 깡마른 할머니가 한 분 들어섰다. 그 뒤에는 젊은이 서넛이 걱정스런 얼굴로 따라 들어왔다. 자녀들인 것 같았다. 통 입맛이 없고 배가 자주 아파서 왔노라고 했다. 할머니가 진찰대에 눕는 동안 간호사가 나에게 전원소견서를 건네주었다. 다른 병원에서 검사한 소견은 위암 4기로 되어 있었다.

할머니 배는 복수로 볼록했다. 할머니 머리 뒤에서 아들로 보이는 보호자가 눈짓을 하며 머리를 양옆으로 흔들었다.

"할머니, 위가 안 좋으시군요. 좀 더 검사할 것도 있고 영양제도 좀 맞으시면 좋을 것 같은데…. 며칠 입원하셔야 하겠어요."

간호사가 보호자에게 입원 수속에 대한 안내를 한 후 할머니와 가족들은 진료실 밖으로 나갔다.

조금 뒤 아드님이 다시 진료실로 들어왔다. 자기 어머니의 병이 4기 위암이고 오래 사실 희망이 없다는 것은 먼저 병원 설명으로 다 알고 있노라고 했다. 어머니께는 이런 사실을 말씀드리지 않았으며, 이 병원에서도 그렇게 해 달라는 것이었다.

자기 어머니는 두 아들과 유복자인 딸을 두고 아버지가 돌아가신 후 청상으로 세 아이를 기르기 위해 안 해 본 일이 없다고 했다. 자녀들이 무사히 대학 교육까지 마친 뒤 직장 잡고 결혼하여 이제는 남부러울 것 없이 살게 되었다고 말을 이었다. 은혜에 감사하며 편히 모시고자 하는 때에 어머니가 식사를 잘 못하고 시름시름 앓기 시작하였고 위암 말기 진단을 받은 것이라고 했다.

"선생님, 고통은 저희들끼리만 당할 테니 어머니께는 암이라는 말씀을 절대로 하지 말아주세요. 위궤양인데, 선생님 주시는 약 잘 드시면 나을 거라고 말해주세요."

당시는 보호자 동의 없이 환자에게 병명을 섣불리 말

트루스 텔링(Truth telling)

했다가는 멱살을 잡히기도 하는 시절이었다.

문제는 병원에 입원한 할머니에게 생겼다. 의사들이나 간호사들이 진단명에 대한 이야기가 나올까 봐 할머니 옆에 오래 머물지 않았다. 무슨 질문을 받아도 적당히 얼버무리고 도망가기 일쑤였다. 그 병원의 원목 수녀님이 환자들과 마음의 대화를 잘하기로 유명했는데, 그분도 환자에게 병명을 가르쳐주지 말라는 정보를 듣고는 할머니 옆에 오래 머물지 못했다. 가족들도 마찬가지였다. 중요한 대화를 할라치면 서로 눈짓을 해서 밖으로 나가 자기들끼리 이야기하고 눈 주위가 붉어진 채로 아무 일 없었던 듯이 들어오곤 했다. 이 모두가, 할머니에게 병명을 가르쳐드리지 말라는 자녀들의 부탁에서 비롯된 일이었다.

원목 수녀님은 저녁 식사 후면 홀로 병실을 돌며 환자들과 대화를 했다. 어느 날 수녀님이 여느 때와 마찬가지로 병동을 돌고 있는데, 할머니가 수녀님의 치마를 꽉 붙잡은 것이다. 원목 수녀님은 마치 귀신을 만난 듯이 소스라치게 놀랐다. 할머니는 수녀님에게 하고 싶은 이야기가 있으니 그날 저녁엔 자기 옆에 앉아서 들어달라고 했다.

"제가 배운 것 없어 무식하지만 세상을 살면서 눈치는 배웠습니다. 중한 병에 걸려 얼마 살지 못할 거라는 사실도 느낌으로 알고 있습니다. 그런데 걱정은, 제가 이런 사실을 알고 있다는 것을 애들이 알면 가슴 아파할까 봐 아는 체를 못하고 있습니다. 애들에게 남기고 싶은 말도 많은데 어떻게 하면 좋을까요?"

다음 날 아침 출근 직후, 원목 수녀님으로부터 전화를 받았다. 전날 일어난 일에 대해 듣고서는 바로 아드님에게 전화를 했다. 어머니께서 병에 대해서 알고 계신다는 이야기를 했다. 그날 할머니의 병실에는 세 자녀의 가족이 모두 모여 울음 잔치를 했다. 할머니와 가족들은 그동안 할 수 없었던 이야기를 마음껏 나누었고 할머니는 더 이상 외로워하지 않게 되었다. 약 한 달 뒤 할머니는 온 가족이 지켜보는 가운데에 편안하게 세상을 떠나셨다.

말기 환자에게 치명적인 병명이나 병의 예후에 대해서 알려드리는 것이 옳은지 아닌지에 대해서는 전부터 논란이 있었다. 과거에는 환자에게 숨기는 경우가 더 많았다. 특히 환자가 노인인 경우에는 가족들만 알고 모든 결정을 환자 없이 내리기도 했다. 최근 들어서는 의료인은 물론 환자나 가족들도 점차 더 많은 수가 환자에게 일어난 일을 환자가 아는 것에 동의하고 있다.

환자는 여러 가지 기회에 진실을 알게 된다. 또 정색을 하고 의사에게 병명과 그 병의 예후에 대하여 숨김없이 알려주기를 요구하는 환자도 많다. 환자의 자기결정권을 존중한다는 의미에서도 알려주는 것에 동의하는 사람의 수가 늘어나고 있다. 다만 환자가 병에 대한 진실을 듣고 힘들어할 때 가장 도움이 될 사람이 가족이다. 가족이 마음 정리가 안 된 경우에는 준비될 때까지 환자에게 알리기를 늦추는 것이 좋다는 의견이 많다.

요즘에는 환자에게 진실을 말했다고 의사의 멱살을 잡는 가족은 보기 힘들다. 환자에게 숨김없이 진실을 밝히고 환자가 원하는 방법으로 치료를 할 수 있도록 배려하는 것이 그 환자를 진정으로 존중하는 방법이 아닐까?

어머니를 기다리며

 우리 집에는 계절을 가리지 않고 새가 많이 온다. 한두 마리가 아니라 수십 마리씩 떼를 지어 찾아온다. 아침에 새 지저귀는 소리가 시끄러워 잠을 깨는 날도 있다. 서너 종류는 넘어 보이는데 그중 내가 이름을 알 수 있는 것은 참새와 까치 정도이다. 그 외에도 까마귀가 주변의 전봇대나 높은 나무 위에서 울고, 어디에선가 뻐꾹새 울음이 들려오기도 한다. 멀리 논에는 백로가 앉아 한가로이 놀다가 다시 날아가는 모습도 볼 수 있다.

 지난겨울, 우리 집에서 전망이 가장 좋은 발코니에 새똥이 많이 쌓인 것을 발견했다. 플라스틱 슬리퍼 위에도 수북이 쌓였는데 마르면 잘 닦이지 않았다. 청소가 힘들어서 새가 안 왔으면 하는 생각을 했다. 마늘 냄새를 싫어한다고 해서 바닥에 깔아놓기도 했으나 그곳이 안온해서 그런지 겨울 동안 새들의 무료 숙박은 줄지 않았다.

봄이 되니 발코니 바로 옆 지붕 위에 참새들이 떼 지어 와서 앉았다. 종 모양의 풍경을 현관과 발코니에 하나씩 달았다. 소리가 나면 새들이 덜 올까 하는 기대도 있었다. 그윽한 풍경 소리는 마음마저 차분하게 해주었다. 그러니 그런 평안한 소리가 새를 쫓아줄 리 없었다.

어느 날 새벽. 요란하게 울리는 풍경 소리에 선잠이 깼다. 일 년 반 동안 의식 없이 누워계시던 어머니의 상태가 악화되어 병실에서 밤늦게 돌아와 잠이 막 든 시간이었다. 그때 어머니 상태가 급박하다는 전화가 왔다. 서둘러 병원으로 달려갔다. 내 도착과 거의 동시에 어머니는 먼 길을 떠나셨다.

입관을 하는 동안 칠십이 다 된 둘째형이 어린아이처럼 엄마를 부르며 목 놓아 울었다. 형제 중에서 혼자만 한국에 살아 어머니 병 수발과 장례식까지 주관해야 했던 나는, 슬픔을 표현할 마음의 여유도 없었다.

삼우제를 마치고 저녁나절 혼자 양평 집으로 돌아왔

다. 일주일쯤 집을 비운 뒤였다. 어머니 영정을 거실 한쪽 탁자 위에 모셔 놓았다. 영정 속의 어머니는 젊고 아름다운 모습으로 미소 짓고 계셨다. 그러나 어머니가 정말 먼 곳으로 떠나셨고 이제 다시는 만날 수 없다는 생각에 불현듯 슬픔이 밀려왔다.

초등학교를 다닐 때는 몇 달에 한 번 열리는 학부형 회의가 내게 힘든 시간이었다. 어머니가 올 수 없다는 사실을 알면서도 나는 언제나 교문 앞에서 어머니를 기다리는 아이들 대열에 있었다. 하나, 둘, 어머니 손을 잡고 교실로 들어가고 나면 맨 마지막에 혼자 남게 된 나는 눈물을 삼키며 터덜터덜 집으로 걸어오곤 했다.

삼우제가 지나고 며칠 뒤의 일이다. 무심코 벽난로를 바라보니 연통 주변에 먼지인지 재인지 구분되지 않는 검은 가루들이 떨어져 있었다. 봄에 난로 속까지 깨끗이 청소해 놓았는데 이상했다. 벽난로 문을 열어보니 놀랍게도 그 속에 참새 다섯 마리가 죽어 있었다.

'새가 왜 거기에 죽어 있었을까?'

왠지 그 일이 어머니의 임종과 관련이 있을지 모른다는 생각이 들었다. 마지막 몇 달 동안 어머니는 의식이 없어 의사 표현이 불가능했다. 그런데 일주일에 세 번씩 혈액 투석을 해야 했다. 고통스러운데도 표현을 못하실 것이 나에게는 늘 걱정이었다.

천주교 신자였던 어머니는 자식들을 위해서 늘 기도하셨다. 평생 자신의 어려움은 혼자 속으로 삭이셨다. 자기 관리를 철저히 하셨고, 자식들에게는 말씀과 행동으로 본을 보이실 뿐이었다. 내가 자라는 동안 어머니는 우리 4남매에게 거친 말씀 한번 하신 적이 없었다.

임종하시기 사흘쯤 전에 잠시 눈을 뜨셨다. 촛불이 꺼지기 전에 불꽃이 한번 확 타오르듯 임종 직전에 의식이 맑아지는 환자들이 있는데, 그때가 그런 순간이었던 것 같다. 나를 알아보시는지 확실하지 않았지만 의식을 잃은 뒤로는 처음 나를 똑바로 바라보셨다. 최근 수염을 기르기 시작해서 어머니가 나를 못 알아보실까 봐 큰소리로 말했다.

"엄마 저에요. 저 수염 기른 것 처음 보시죠?"

소리는 못 내시면서도 입술을 격렬하게 움직여 무엇인가 말씀을 하려는 모습을 보이셨다. 자식들을 보고 싶다는 말씀이었을까? 아니면 고통스럽다는 말씀을 하려고 하신 것일까? 아니면, 작별 인사였을까?

어머니는 키가 작았다. 하지만 언제나 당당한 모습을 보여서 내가 자라는 동안 어머니가 작다고 느낀 적은 한 번도 없었다. 그러나 연세가 드시면서 어머니는 매년 바지의 단을 줄여야 한다고 불평하셨다. 아담한 어린아이만 한 키가 되신 어머니는 작은 참새처럼 예뻤다.

새 다섯 마리의 사체를 거두어 밭 한구석에 고이 묻어주었다. 그러고 보니 난 어느새 무엇인가를 땅에 묻는 것에 익숙해져 있었다. 문득, 어머니께서 사이가 좋아지길 염원했던 형제간의 불화도 새들과 함께 묻어주고 싶었다. 외국에 떨어져 살던 형제들은 여러 가지 오해로 얽혀 관계가 소원했다. 어머니의 임종을 계기로 화해가 되고 다시 가까워지게 되었다.

며칠 뒤. 햇빛이 밝은 아침이었다. 벽난로 쪽에서 간헐적으로 금속성이 들려왔다. 며칠 전에 깨끗이 닦아 놓았던 연통 밑에 또다시 검은 가루가 쌓여 있었다. 화들짝 놀라 급히 벽난로 문을 열었다. 참새 한 마리가 튀어나왔다. 기운이 없어 보였다. 그제야 참새가 지붕 위의 연통을 통해서 벽난로 안으로 들어갔다는 사실을 깨달

앉다.

참새는 거실 유리문 위 반원형 창문턱에 날아가 앉았다. 작고 예쁜 새였는데, 한참을 그곳에 있었고 별로 당황한 것 같아 보이지 않았다. 나는 거실 유리문과 창문을 모두 활짝 열어 놓고 새를 밖으로 내보내기로 했다. 의자에 앉아 새가 나가기를 기다리는 동안 왠지 마음이 설렜다. 새는 잠시 후 부엌 쪽으로 날아가 앉았다가는 익숙한 자기 집 문을 나서듯 밖으로 날아갔다.

'어머니가 보내셨을까? 아님 마지막으로 다녀가신 걸까?'

철망으로 연통의 입구를 둘러싸기 전까지는 외출했다 귀가하면 벽난로 문을 열어 참새가 들어 있는지를 확인하게 되었다. 나는 아직도 어머니가 돌아오시기를 기다리고 있는지도 모르겠다.

의사라는 직업

페이스북에서 친구 신청을 한다는 이메일이 왔다. 그런데 신청한 사람의 이름이 눈에 익지 않았다. 모르는 사람을 통해 내 정보가 확산되는 것이 반갑지 않은 일이라 이런 경우의 친구 신청을 경계하고 있던 터였다. 메일을 그냥 지우려는 순간 갑자기 15년 전 치료했던 환자 K군의 얼굴이 떠올랐다. 친구 신청을 한 사람은 그의 아버지였다.

1999년 가을. 어느 날 아침 회진을 하는데 병실에 새 환자가 있었다. 키 크고 잘생긴 고1 남학생이었다. 다른 병원에서 전이암 진단을 받았다고 했다. 그 나이에는 흔치 않은 병이었다. 우울한 표정을 하고 있었고 말이 없었다.

 항암제 치료를 시작했다. 처음 치료 약제를 투여한 직후 암이 줄어드는가 싶더니 금세 다시 자랐다. 두 번이나 약제를 바꾸어 치료했으나 결과는 실패로 돌아갔다. 세 번째 약제를 교체 투여한 후 암이 잠시 줄었다가 다시 커졌다. 더 이상 써 볼 수 있는 약이 없었다.

 나와 비슷한 나이로 보이던 K군의 부모님은 신앙심이 깊고 성품이 훌륭한 분들이었다. 아들의 병 때문에 걱정이 많이 되었을 텐데도 면담을 하고 나면 의사인 내가 마음의 위안을 얻는 느낌이 들었다. 정말로 향기가 짙은 분들이었다.

 다음 치료 결정을 위해 여러 차례 면담을 한 후, 가장 강력한 치료법인 '고용량 항암제와 자가 조혈모세포이식'을 해보기로 결정했다. 당시에는 의료보험이 적용되지 않아 비용도 많이 들고 부작용 가능성이 많은 치료인데도 선뜻 동의했다. 주치의사인 나를 절대적으로 신뢰하기 때문에 그렇게 했다고 생각되었다.

 내가 근무하던 병원에는 한국 최초로 '조혈모세포이식'을 성공한 김춘추 교수님이 근무하고 계셨고 전국에서 혈액암 환자가 몰려들었다. 한국에서 조혈모세포이식을 가장 많이 하는 병원이었다. 이식을 위한 입원실을 어렵게 잡아서 이식 날짜를 결정했다. 2000년 초여름이었다.

고용량 항암제와 조혈모세포이식은 전에 골수이식이라고 부르던 치료법이다. 암을 뿌리째 제거하기 위해 아주 많은 양의 항암제를 투여한다. 그 항암제의 부작용으로 거의 모든 환자가 피를 만드는 기능을 잃어버리게 된다. 그때 환자에게 피를 만드는 엄마세포를 주사로 넣어줌으로써 피를 만들 수 있게 하여 회복시키는 치료법이다. 여러 가지 부작용이 생길 가능성이 있어 의사의 입장에서는 어려운 치료였다.

옛 속담에 시집가는 날 등창난다고, 하필이면 K군이 조혈모세포이식을 위해 입원할 때쯤에 의약분업 전면 실시를 반대하여 정부와 협상을 벌이던 의료계가 총 파업을 결정했다. 당시 정권의 의료정책 전반에 대한 의료계의 불신이 크게 작용한 것으로 보였다. 언론에서는 의사들이 제 밥그릇을 챙기기 위해 환자들을 희생시키려 한다고 비난했다. 총 파업은 의과 대학생들의 수업 거부로 시작되었다. 이어서 전공의들이 응급실과 중환자실, 그리고 응급수술 요원들을 제외하고는 모두 병원에서 자취를 감추었다. 의사협회장은 머리를 깎았고, 외래 진료를 중단하는 임상의사들이 하나, 둘 늘어나기 시작했다. K군의 가족은 나에게 파업 때문에 차질이 없을지 조심스럽게 물었으나 나는 걱정하지 마시라고 대답했다.

나도 의약분업에 대해서는 다른 의사들과 같은 시각을 가지고 있었다. 하지만 진료 거부에 대해서는 의견이 달랐다. 어떤 종류의 병은 약 처방을 많이 해주면 몇 달 동안 의사를 만나지 않아도 환자에게 별 피해가 없을 가능성이 있었다. 하지만 암 환자는 잠시만 진료를 안 해도 상태가 나빠지거나 심지어는 임종할 수도 있다는 생각이었다. 따라서 다른 과에서는 파업을 하더라도 암 환자 진료를 담당했던 나는 모든 진료를 전과 같이 계속하기로 결정했다. 전공의가 없는 채로 임상강사 한 사람과 같이 입원환자를 치료하고 있었다. 진료하는 환자 수를 줄일 수가 없었고 타 병원에서 전원된 환자들로 오히려 수가 늘었다.

어느 날 내과 임상강사 한 사람이 면담을 요청해서 진료실로 들어왔다. 내가 지도교수를 맡았던 학년의 학생

중 하나였고, 같은 내과를 전공해서 비교적 가깝다고 느끼던 제자인 여의사였다. 그 제자는 나와 같이 일하고 있던 임상강사가 파업에 참여하게 허락해 달라고 했다. 말투가 꽤나 강압적이었다. 그 제자의 날카롭고 핏발이 선 눈을 바라보며 중국 공산당의 문화혁명 시절 홍위병의 눈초리가 그랬을까 하는 생각이 문득 들었다. 섭섭했다. 나는 임상강사에게 파업에 참여하지 말라고 말한 적도 없고 임상강사가 없으면 나 혼자라도 진료를 계속할 것이라고 격하게 이야기하고는 내 진료실에서 나가라고 소리쳤다. 그 제자도 마음에 상처를 많이 받았을 것 같았다. 다음 날 나와 같이 일하던 임상강사는 미안해하며 파업에 참여했다.

혼자서 당직을 해가며 진료를 했다. K군의 조혈모세포 이식도 그때 진행되었다. 의사들의 파업이 언제 끝나게 될지 기약이 없었다. 또 혼자 계속 당직을 해야 해서 밤잠을 전혀 잘 수가 없었다. 한밤중에 응급 상황을 알리는 전화가 왔는데 잠에 곯아떨어져 전화를 못 받을 것이 가장 큰 걱정이었다. 하루에 6~7회, 시간이 날 때마다 병실 회진을 했다. 환자들이나 그 가족들과 대화할 수 있는 시간이 충분했다. 그렇게 하니 입원 환자들의 상태를 잘 파악할 수 있어서 좋았다.

문제는 다른 과 의사들과의 관계에서 생겼다. 전에 인사를 잘하던 다른 과 후배 교수들이 복도에서 만나도 왠지 인사를 잘하지 않았고, 심지어는 화난 얼굴로 나를 외면하는 것이었다. 혹시 내가 파업에 참여하지 않고 진료를 하고 있는 것에 대한 불만 때문이 아닐까 하는 생각이 들었지만 아무도 직접 나에게 그 이유를 말해주지는 않았다. 매우 불편했다. 그렇다고 누구를 미워할 수도 없었다. 다만 암 환자들 특히 조혈모세포이식을 받는 환자들에게는 치료 도중에 다른 과의 협진을 해야 할 문제가 많이 생기는데 협진 의뢰를 할 때 답을 잘 안 해줄까 봐 속으로 걱정을 했다. 실제로 그런 일은 일어나지 않았다.

사회적으로 높은 도덕성을 요구받는 직업은 자율권 또한 존중받는 것을 전제로 해야 한다는 이론이 있다. 그러나 당시의 의약분업은 건강보험 당국이 의사들의 진료에 더 많은 간섭을 하게 되어 의사의 자율권은 더욱 더 줄어들게 되는데 그 정도가 너무 심하다는 생각으로 의사들은 분노하고 있었다.

의사들이 그 일로 겪은 자괴감은 상상 이상이었다. 그렇다고 해서 단 한 명의 환자라도 의사의 파업으로 돌이킬 수 없는 피해를 입어서는 안 되는 일이었다. 노인, 중환자, 암 환자들이 첫 번째로 피해를 입을 수 있는 대상이었다.

마침 입원 환자의 보호자 중에 20대에서 30대 사이의 젊은 사람들이 몇 명 있었고 나와 친해졌다. 이분들은 대부분 병원 입원 경험이 많아 병실 문제를 파악하는 데에 능숙했다. 나는 매일 밤 자정 무렵 이분들을 만나 대화하는 시간을 가졌다. 주로 병동의 뒤 계단에서 만났다. 컵라면은 내가 공급했다. 이분들이 하루 동안 병동에서 일어난 일들을 소상히 파악하여 알려주었다. 또 새로 입원한 환자들의 병원 생활 안내도 자발적으로 맡았다. 자원봉사 도우미가 된 셈이었다. 환자 가족들과의 만남을 통해 젊지 않은 내가 장기간 당직을 하면서 겪었던 어려운 문제들이 쉽게 해결되었다.

그렇게 의사 파업이 진행되었으나 내 환자 중에는 치료를 제때 못 받아 희생된 환자는 다행히 한 명도 없었다. K군은 이식 기간 중에 백혈구 수치가 심각하게 떨어진 시기에 한동안 고열이 났다. 패혈증의 위험에 대해서 걱정했으나 당시 감염내과 교수의 적극적이고 헌신적인 돌봄으로 무사히 위험에서 벗어났다. 매우 다행스러운 일이었다.

정신적으로나 육체적으로 더 이상 견디기 힘들다는 생각이 들 때쯤, 의약분업을 반대하기 위한 의사 파업은 별 성과 없이 막을 내렸다. 삭발한 의협회장은 검찰에 고발되어 재판을 받게 되었다. 파업을 통해 전국의 의사들은 전보다 더 심하게 자존심에 상처를 입게 되었다. 파업에 참여했던 전공의와 임상강사들이 병원으로 돌아왔고, 나의 병원 생활은 다시 파업 전의 일상으로 돌아갔다. 그러나 의사로서의 자존감이 전에 비해 많이 없어진 것도 사실이었다.

K군은 입원한 지 3주쯤 지나 별 큰 부작용 없이 혈액 생산 기능이 회복되었고 무사히 퇴원하게 되었다. 몇 년 후 검정고시를 통과한 뒤 대학 입학시험에 합격하였다는 기쁜 소식을 전해주었다. 대학원까지 마친 후 지금까지 이십여 년 동안 암의 재발이 없었고 건강하게 직장 생활

을 하고 있다.

  K군 아버지의 페이스북 친구 요청은, 의사의 책임에 대한 나의 생각을 다시 한번 되새기는 기회를 주었다. 의사 파업 동안 겪었던 일에 대한 추억이 아직도 치유되지 않은 마음의 상처로 남아 있는 것도 알게 해주었다.

외할아버지의 유품

외할아버지는 우리 집에 같이 사셨다. 어머니가 무남독녀였기 때문이었다. 살림을 돌보지 않고 글만 읽으셨던 외증조부와 달리 외할아버지는 금은방을 해서 집안을 일으키셨다고 했다. 큰 키, 날씬한 몸매에 머리를 항상 짧게 깎으셨다. 외출할 때는 넥타이를 매고 중절모에 단장을 짚으셨는데 중후해 보였다. 시간 날 때마다 재미있는 옛날이야기를 해주셨고 때때로 내 생각을 묻기도 하셨다. 나는 그 시간이 즐거워 틈만 나면 사랑방으로 찾아가곤 했다.

외할아버지는 내가 초등학교 5학년 되던 해에 돌아가셨다. 마지막에는 소변 조절이 잘 안 되어 힘들어하셨다.

매일 아침, 소변으로 젖은 옷을 갈아입혀 드리는 것이 나의 임무였다. 어느 날 아침 옷을 갈아입혀 드릴 때 미소를 지으시더니 고개를 옆으로 떨구셨다. 외할아버지의 임종을 나 혼자 지킨 것이었다.

지난 봄 어머니가 돌아가신 뒤 유품을 정리했다. 캐비닛 속에서 작은 손저울이 두 개 나왔다. 외할아버지가 귀금속을 달 때 쓰시던 것이었다. 족히 백 년은 넘었을 것 같았다. 누나와 작은형이 얼른 하나씩 차지했다. 외할아버지를 추억할 수 있는 물건을 나도 가지고 싶었다. 내색을 하지 않았지만 못내 아쉬웠다. 그때 나도 내 손주들에게 무언가 남겼으면 좋겠다는 생각이 들었다.

퇴직을 하면 목공을 배울 참이었다. 평생 딱딱한 청진기로 힘들어하는 환자들을 진찰했던 나에게는 부드럽고 따뜻한 나무로 무언가 새로운 형상을 만드는 일이 가치가 있어 보였다. 나무가 새로운 생명을 얻는 것 같은 생각이 들었다. 퇴직을 할 무렵 정말 나에게 좋은 선생님이 나타났다. 오랫동안 다니던 한 환자의 남편이 목사님인데 과거 목수였다는 것이었다. 퇴직하자마자 필요한 공구 목록을 뽑아 당장 구매를 했다. 아내가 살짝 걱정하는 눈치를 보였지만 내 딴에는 이미 결심을 굳힌 뒤였다.

제일 먼저 의자와 책상을 만들기로 했다. 형태가 단순해서 초보자도 만들기 쉽다는 것이 이유였지만 속내는 달랐다. 곧 다섯 돌이 되는 외손자가 이 세상에서 처음으로 사용할 책상과 걸상을 만들어줄 요량이었다. 딸이 자랄 때 바빠서 잘해주지 못한 것에 대한 보상심리도 한몫을 했다. 생각만 해도 뿌듯하고 자랑스러웠다. 그 위에 앉아 책도 읽고 그림도 그리리라.

인터넷을 뒤져 맘에 드는 디자인을 하나 찾았다. 다음은 나무를 결정할 차례였다. 가격은 조금 비쌌지만 편백나무를 선택했다. 냄새가 좋고 또 피톤치드가 많이 나와서 아이들 건강에도 좋을 것이라는 생각에서였다. 목재를 작업장에 가져다 놓으니 편백나무의 냄새가 퍼져 기분이 좋았다.

설계도에 따라 나무를 잘랐다. 외손자의 앉은키와 체구를 고려해서 높이와 넓이를 결정했다. 아이가 책상을 쓰다가 나무 가시에 손을 찔리지 않도록 사포로 나무의 표면을 정성껏 갈았다. 나무못을 사용해서 겉에서는 못이 보이지 않았다. 어쩔 수 없이 쇠못을 사용하는 경우에는 나무로 못 구멍을 막아서 쇠못이 보이지 않도록 마감했다. 모서리에 다치지 않도록 뾰족한 곳을 모두 사포로 둥글렸다. 서랍을 넣을 공간에 서랍 없이 문을 해 달았다. 싱크대 찬장 문 장식을 써서 힘들이지 않고 문을 여닫을 수 있게 했고 손을 다칠 위험을 없앴다.

꼬박 이틀이 걸려 책상과 걸상이 완성되었다.

타이페이에 사는 딸네 집까지 직접 가져다주었다. 그대로는 비행기 수하물로 부칠 수 없어 다시 분해해서 포장했다. 걸상은 싸서 큰 가방 속에 넣었더니 안성맞춤이었다. 딸네 집에 도착하자마자 책상 걸상부터 조립했다. 온 가족이 지켜보고 있었다. 외손자는 얼마나 좋은지 옆에서 경중경중 뛰었다.

외손자는 시간만 나면 그곳에 앉아 책도 읽고 그림도 그렸다. 밥도 그 책상 위에서 먹겠다고 고집을 부렸다. 막 걷기 시작한 제 동생이 걸상에 앉으려고 하면 엉덩이로 밀어내기도 했다. 아이들이 좋아하는 것을 보니 참 기뻤다. 외출했다 집에 돌아가니 편백나무의 냄새가 집 안에 가득 차 있었다. 딸과 사위도 내 선물을 아주 흡족해했다.

'할아버지를 오래오래 기억해다오.'

아이가 커서 더 큰 책상으로 바꿀 때가 되면 자연히 네 살 밑인 외손녀가 이어서 사용하도록 할 것이고, 외손녀마저 자라고 나면 잘 보관하겠노라고 딸이 말했다.

먼 훗날 내가 아주 떠난 다음, 외손자와 외손녀가 책상과 걸상을 보고 나를 기억해주면 좋겠다. 내가 손저울을 보고 외할아버지를 기억했듯이. 나중에 아이들이 그것을 서로 차지하려고 좀 다툰들 어쩌랴. 내 기분은 더할 나위 없이 좋을 것이다.

잡초

  날이 따뜻해지면 우리 집 꽃밭은 어느새 미인들의 경연장이 된다. 작년에 피었던 다년초 꽃뿐만 아니라 새로 사다 심은 꽃들까지 더해서, 그 이름만 외우기도 바쁘다. 여러 가지 꽃이 어울려 피는 꽃밭은 정말 화려하고 눈이 부시다. 바라보기만 해도 행복하다. 저 예쁜 꽃들이 어째서 전에는 내 눈에 안 보였는지 모르겠다.

  그런데 잡초들이 눈에 거슬린다. 심지 않았는데도 때만 되면 화단의 여기저기에 떡하니 자리를 차지하고 있다. 초대하지 않은 손님이 잔칫상에 앉아 음식을 먹고 있는 것 같다. 쑥, 쇠뜨기, 바랭이 같은 잡초는 대부분 한번 자리 잡으면 금방 군락을 이루어서 그 주변에는 다른 식물이 자랄 수가 없다.

그렇지만 잡초 입장에서는 이런 평가가 억울할 수도 있다. 따지고 보면 인간이 심지 않았고 쓸모없다고 생각할 뿐이다. 잡초라고 다 밉기만 한 것은 아니다. 그들도 나름대로의 아름다움을 뽐내고 있고 또 강인한 생명력으로 열심히 자신의 삶을 살아가지 않는가.

입학시험을 치르고 중앙 중학교로 진학했다. 집이 부유해 보이는 친구가 많았다. 게다가 나는 반에서 네 번째로 키가 작아 반 친구들이 대부분 아저씨 같았다. 공부를 따라가기가 어려웠고 친구들과 어울리기도 힘들었다. 음악이 좋아 입학 초부터 밴드부에 들어가서 클라리넷을 배우게 되었다. 당시 밴드부원은 공부를 열심히 안 하는 학생들로 간주되어 반 친구들과 어울리기가 더 어려웠다. 나는 수줍고 소심한 데다가 성적이 나빠 선생님 관심을 끌지도 못하고 반 친구들과도 잘 사귀지 못하는 외톨이였다.

중학교 2학년 때였다. 어느 날 교실 뒤의 게시판을 보니 '영어 이야기대회'를 한다는 공고가 붙어 있었다. 2주일 뒤였다. 무심코 한번 해봐야 되겠다는 생각이 들어

교무실에 신청서를 제출했다. 그것이 얼마나 어려운 일인지 구체적으로 어떻게 준비해야 하는지 등에 대한 걱정은 전혀 하지 않았다.

고등학생이었던 누나가 가지고 있던 미국 초등학교 교과서를 빌려 〈A bell for the cat(고양이 목에 누가 방울을 달 것인가)〉라는 이야기를 골랐다. 그날부터 영어 이야기를 외웠다. 아무도 도와주는 사람이 없었다. 그렇다고 꼭 상을 받아야 한다는 욕심도, 부담도 없었다. 그냥 연습하는 것이 좋고 재미있었다. 그래서 나름 최선을 다해서 연습했다.

열두 명이 참가했다. 다행히 틀리지 않고 다 외워서 구연했으나 상을 받지는 못했다. 지금 생각해보면 영어 발음도 사전을 더 열심히 찾아서 준비했다면 좋지 않았을까 하는 후회도 든다. 공부도 잘하고 누가 봐도 상을 받을 만하다고 인정받는 친구들이 상을 받았다. 아무도 나에게는 기대를 하지 않았다. 하지만 나는 혼자서도 준비 과정을 충분히 즐겼고 결과에 불만이 없었다.

나중에 알게 되었지만 나를 제외한 다른 친구들은 모두 영어 선생님이나 담임 선생님의 추천을 받아 참가한 것이었다. 심지어는 영어 선생님들이 연습을 지도해주었다고도 했다. 가까운 친구들은 내가 상을 못 받은 것을 아쉬워했다. 그러나 나는 다른 참가자들과 수준 차이가 나서 상을 못 받는 것이 당연하다고 생각했다.

그런데 그 경험이 나에게 전혀 의미가 없는 것이 아니었다. 그 뒤부터 새로운 일에 도전하는 것을 두려워하지 않게 된 것이었다. 하고 싶은 일은 누구의 도움도 바라지 않고 망설임 없이 시작하게 되었다. 또 중요한 일을 스스로 결정하게 되었다. 나도 모르는 사이 도전정신과 잡초 같은 강인한 생명력을 얻게 되었다. 결국 중학교 시절의 영어 이야기대회 참가는 내가 인생을 살아오는 데 필요한 중요한 자산을 얻게 해주었다.

10년쯤 전. 아파트 앞길을 걷다가 중학교 2학년 때 영어 선생님을 우연히 만나게 되었다. 중학교 졸업하고 40년쯤 지난 후였다. 선생님은 내가 중3 때 담임도 하셨다. 정년퇴임을 하셨고, 계속 다른 곳에 살다가 얼마 전 내가 사는 아파트로 이사 오셨다고 했다. 선생님을 모시고 식사를 하면서 40여 년 전 중학교 시절 이야기를 나누었다.

내가 별로 눈에 띄는 학생이 아니었는데도 내 이름은 물론, 나에 관한 여러 가지를 기억하고 계셨다. 북아현동 우리 집에 가정방문 오신 적이 있었는데 내 어머니가 선생님이었던 사실과 우리 집이 한옥이었던 것까지 말씀하셨다. 놀랍게도 내가 영어 이야기대회에 참가했던 일도 기억하고 계셨다. 나는 상을 받지는 못했지만 그때의 경험이 내 인생에 긍정적인 계기를 마련해준 것 같다고 말씀드렸다. 선생님은 내가 의과대학 교수가 되어 대학병원에서 근무하고 있다는 사실을 무척 대견해하셨다.

영어 이야기대회 당시, 선생님들이 선발해서 연습까지 시킨 학생들을 화초에 비유한다면, 나는 심지 않았는데도 꽃밭에 싹을 틔운 잡초와 같았다고 한다면 지나친 비유가 될까?

언제부턴가 나는 잡초를 뽑을 때 늘 미안한 마음을 가진다. 내가 심지 않았고 관심을 쏟지 않은 것이 화초와 다를 뿐, 그들 나름대로 아름다움을 가지고 있고 또 최선을 다해 자신의 생명을 유지하면서 살아가는 모습이 좋아 보이기 때문이다.

하늘나라에서는 편히 지내길

자정 무렵, 전화가 급하게 울렸다.

"아저씨, 아빠가 산소포화도가 떨어져요. 큰 병원으로 옮기래요. 어떻게 하죠?"

친구 P의 큰딸이었다. P는 15년 전부터 파킨슨병을 앓았는데 최근 몇 년 서울 근교의 요양병원에 입원해 있었다. 나에게는 가장 오래되고 가까운 친구였다. 최근 치료약에 내성이 생겼고 병세가 악화되었다. 혀가 굳어서 정상 대화가 불가능했고 몸이 경직되는 발작이 수시로 있었다. 몇 주 전 폐렴이 왔는데 며칠 사이에 악화된 것이다.

내가 의사라도 별 뾰족한 수가 없었다. 이런 상황에서

는 어느 병원에 가도 회복된다는 보장이 없으니 최악의 경우도 고려해서 병원을 선택하는 것이 좋겠다는 의견을 말했다. 이송 도중에도 임종 가능성이 있어 서울까지 가는 것이 어렵겠다는 병원 측의 설명에 따라 요양병원 근처의 대학병원 응급실로 옮겼다. P는 몇 시간 후 세상을 떠났다.

중학교 입학하고서 키 작은 순서로 앞에서부터 네 번째였던 나는 적응을 잘 못했다. 반 친구들이 모두 어른 같아 보였고 심한 열등감과 수줍음 때문에 친구를 사귀는 것이 힘들었다. 한 주일쯤 지나 신입생이 한 명 들어왔다. 외교관인 아버지를 따라 일본에서 귀국한 P였다. 키가 비슷해 내 옆자리에 앉게 된 그와 가까워졌다.

외국 생활을 해서 아는 것이 많았던 그는 금세 반의 모든 친구와 친해졌다. 활발하고 당당한 그에 비해 나는 몸도 약하고 소심했다. 서로 많이 달랐지만 우리는 늘 붙어 다녔다. 방과 후 청와대 옆 동네에 있던 P의 집에 놀러 가는 일이 많았다. 나는 늘 그의 풍부한 경험과 세상 지식에 감탄했다. 여러 모로 성숙했던 그는 나에게 형 같았고, 세상에 대한 나의 관심을 끊임없이 자극했다.

중학교 3학년 말, P의 가족은 외교관인 아버지를 따라 다시 외국으로 가게 되었다. 우리는 울면서 아쉬운 이별을 했다. 고등학교 3년 동안 계속 편지를 주고받았다. 나는 친구의 외국 학교생활에 대해 계속 들으며 부러워했다. 나도 유학 가고 싶었으나 당시의 우리 집 형편으로는 불가능했다.

나는 의과대학으로 진학했고 P는 귀국해서 사립대학인 S대 상대에 입학했다. 예과 시절 틈만 나면 S대로 놀러 가다 보니 나를 그 학교 학생으로 아는 친구도 있었다. P는 사교적이고 활달한 성격에다가 일어와 영어를 잘해서 인기가 많았다. 당시 대학생이 가지기 어려운 명품을 많이 사용했고 또 찻집이든 식당이든 친구들과 같이 가면 모든 비용을 혼자 부담했다. 어떤 날은 여러 명이 모였는데 차 마시러 갈 돈이 없었다. P가 자신의 명품 시계를 전당포에 맡겨 돈을 빌려 왔다. 인생을 즐겁게 만드는 긍정적 에너지가 흘러넘쳤고 그의 주변에 항상 사람이 많았다. 나는 본과로 진학하면서 공부가 바빠져서 그와 자주 만나지 못했다.

P는 미팅에서 만난 아름다운 여성과 대학 졸업 후 결

혼했다. 몇 가지 외국어를 자유자재로 하던 친구는 대기업에 입사했다. 몇 년 뒤 독립해서 무역회사를 차렸으나 경영이 여의치 않았다. 그래도 여전히 친구들과 술 마시며 놀고 비용도 혼자 부담했다. 결국 회사는 부도가 났다. 그 사이 나는 의과대학을 졸업하고 무의촌 근무, 내과 전공의 수련을 하느라 친구와 만나지 못했다. 주로 전화로 대화를 했고 일 년에 한두 번 만났지만 우리의 우정은 변함없이 계속되었다.

40대 중반이 넘어가면서 나는 대학병원의 교수로 일했고 친구는 신발 수출로 사업이 잘되는 사업가가 되었다. 내가 시간을 낼 수 있게 되면서 우리는 서울과 친구의 사업장이 있는 부산에서 가끔 만났다. 그러나 P는 여전히 노는 것을 즐겼다. 가정을 돌보는 일에 소홀했던 그는 가정이 깨지는 아픔도 겪었다.

50대 초에 파킨슨병을 진단받았다. 처음에는 별 불편한 증상이 없는 상태에서 치료를 시작했다. 하지만 병세는 서서히 악화되었고 하던 사업도 점차 기울었다. 사업을 다시 일으켜 보려고 몇 가지 투자를 했지만 잘 되지 않았다. 급기야는 손을 털게 되었다. 몸이 아픈 데다 경제적 곤란까지 겪게 되니 주변에 있던 사람들과는 점차 사이가 멀어졌다.

세월이 흐르면서 파킨슨병이 악화되었다. 치매가 오기 시작했고 당뇨병이 잘 조절되지 않으면서 건강이 심하게 무너졌다. 요양병원에 입원해서도 정상적 판단을 잘 못하고 주변 사람들을 곤란하게 하는 일이 빈번했다. 최근에는 정상적 대화가 힘들었다. 어떤 때는 전화를 걸어놓고도 몇 분씩 말이 없을 때도 있었다.

P는 내 기준으로는 별로 좋은 아버지는 못 되었다. 다행히 두 딸이 효성스러워 아버지를 끝까지 정성껏 돌보아주었다. 그 가운데에도 P는 자기 고향인 부산과, 어린 시절 오랫동안 살았고 즐겁게 지냈던 일본에 가고 싶어 했다. 우리는 몸만 조금 좋아지면 부산과 일본에 같이 가자고 약속을 했다. P는 무척 좋아했다. 그러나 여행을 할 수 있을 만큼 병세가 좋아지지 않았다.

임종했다는 연락을 받았으나 믿어지지 않았다. 아프기는 해도 늘 병원에 그 모습으로 있으려니 하고 생각했다. 그러면서도 마음 한구석에서는 더 이상 고생하지 않고 떠난 것이 차라리 잘되었다는 생각이 들기도 했다.

사실 친구가 끝없이 무너지는 모습을 보는 것이 내게는 힘들었다.

영안실은 썰렁했다. 조문객은 가까운 친척을 제외하고는 딸들의 지인이 대부분이었다. P의 대학 동창 몇 명이 오긴 했지만 사업이 잘될 때 주변에 있던 사람들은 나타나지 않았다. 그게 세상인심인 것 같았다.

화장을 했다. 화장장에서 두 시간 기다려서 만난 P는 조그만 나무 상자 안에 들어 있었다. 나무 상자를 가슴에 안았다. 따뜻했다. 그러고 보니 그동안 한 번 안아주지도 못했다. 가족들은 그가 그토록 가고 싶어 하던 부산 앞바다에 유골을 뿌리기로 결정했다. P가 그리울 때면 나는 부산에 갈 것이다.

"잘 가라 친구야. 하늘나라에서는 부디 편히 지내길."

감성 유전자

 며칠 전, 미국에 사는 작은딸과 영상통화를 했다. 대화 도중 딸이 뜬금없이 말했다.
 "저는 어떤 때 아빠 얼굴을 보면 돌아가신 할아버지의 표정이 보여요."
 "그래? 유전자를 받았으니 비슷한 구석도 있겠지."
 무심한 듯 대답은 했으나 순간 여러 가지 생각이 한꺼번에 스쳐 지나갔다.
 "우리 애들은 가끔 제가 엄마랑 비슷하다고 해요."
 딸은 나의 유전자 이야기에 공감하는 듯했다. 사실 작은딸의 외모는 나를 많이 닮았고 큰딸은 제 엄마를 많이 닮았다. 그렇지만 손주들 눈에는 아내와 작은딸이 안

팎으로 비슷해 보였나 보다.

나는 아버지를 많이 닮았다. 키는 물론, 좁고 쳐진 어깨, 굵은 다리, 나이 먹으면서 머리카락 빠지는 모양까지 똑같다. 또 아버지는 코를 심하게 골았는데 세 형제 중 막내인 나만 그것을 물려받았다. 무엇보다도 음성이 비슷했다. 고교 시절, 아버지 친구분들이 집에 전화를 했다가 내가 받으면 아버지로 착각하는 경우가 많았다.

성악을 전공한 아버지는 감성이 뛰어나셨다. 나비넥타이를 즐겨 맸고 얼굴이 환해서 늘 사람들의 시선을 끌었다. 또 듣기 좋은 음성에 말씀을 조리 있게 잘하셨다. 누구든지 5분만 대화하면 아버지에게 설득당하지 않는 사람이 없었다. 어머니는 아버지가 전화로 이탈리아 가곡 〈Caro mio ben〉을 부르며 청혼했다고 몇 번이고 회상하셨다, 그 시절에. 또 아버지는 통찰력이 뛰어났고 맡은 일을 정의롭게 하려고 노력하셨다.

그러나 감정의 기복이 심했다. 내가 어렸을 적 아버지는 일 때문에 지방에 머무르다가 두세 달에 한 번씩 집에 들어오셨다. 어머니는 아버지가 계시지 않아도 매일같이 주발에 밥을 퍼서 아랫목에 따뜻하게 넣어 놓으셨다. 그런데 당시에는 쌀에 돌이 많이 섞여 있어 식사 도중 씹히는 경우가 흔했는데 묘하게 아버지 밥에 꼭 돌이 있었다. 그럴 때는 어김없이 고함 소리와 함께 밥상이 마당으로 날아갔다. 아버지가 고함을 치면 한옥 대청마루가 '쩌르르' 울렸고 가족들은 모두 숨을 죽이고 납죽 엎드렸다. 어머니는 아무 말 없이 흩어진 그릇과 밥상을 챙기셨다. 그래서 가족들은 아버지가 집에 오시면 벌벌 떨었다.

어머니는 침착하고 이성적인 분이었다. 아버지의 화가 폭발하면 입을 다물었다. 그랬다가 아버지 마음이 가라앉을 때쯤 기분 나쁘지 않도록 차분하게 자초지종을 따져 설명했다. 그러면 아버지는 잘못을 수긍하시고는 사과했다. 어머니의 이성이 늘 아버지의 감성을 감싸주었다. 두 분은 천생연분이었던 것 같다.

우리 형제들은 모두 아버지를 무서워하면서도 존경했다. 아들들에게 절약과 극기, 절제를 요구하셨다. 특히 나에게는 더 엄하셨는데 기대가 컸던 탓일까? 대학에 들어갈 때까지 교복 외에는 옷을 사주지 않았다. 고등학생이 교복 말고 무슨 옷이 또 필요하냐고 했다. 나는 성당의 고등학생 서클에서 주최하는 파티에 혼자만 교복을 입고 참석해야 했는데 무척 창피했다. 대학생이 된 후 구두를 사달라고 하면 새신을 사주는 법이 없었다. 늘 당신이 신던 것을 주셨다. 물을 낭비한다고 샤워를 못하게 해서 세면대에 물을 받아 바가지로 떠서 씻어야 했다. 혹시 내가 주워온 자식이 아닐까 생각한 적도 있었다.

하지만 나보다 세 살 위 고명딸인 누님에게는 무한히 너그럽고 따뜻하셨다. 어른이 된 후 누님의 회고를 들어보면 아버지가 늘 채워주셔서 지갑 속에 용돈이 떨어지는 법이 없었다고 했다. 친남매간인데도 서로 다른 집에서 자란 것 같았다. 초등학교를 졸업할 무렵 생전 처음 아버지에게 철없이 대들었다. 나는 울면서 아버지가 누님만 편애한다고 항의했다. 아버지는 내 손가락을 당겨 깨물며 말씀하셨다.

"이것 봐라. 어느 손가락 하나 깨물면 안 아픈 손가락 있니?"

나는 속으로 부르짖었다.

'세게 깨물면 아프고 약하게 깨물면 안 아파요.'

중학교 2학년 때였다. 지금은 기억나지 않지만 아버지

께 꾸중을 들었다. 나는 심하게 반발했다.

"밥 먹이고 학교만 보내면 아버지로서 할 바를 다했다고 생각하세요?"

무슨 용기로 그런 말을 했는지 나도 모른다. 불같이 화를 낼 것 같았던 아버지는 그저 깊은 한숨을 삼키셨다. 어찌된 일인지 그 뒤부터 결정해야 할 중요한 일이 있으면 막내인 나를 불러 놓고 의견을 물으셨다.

대학입시 원서를 쓸 때였다. 담임 선생님은 내가 응시하고자 하는 의과대학의 원서에 도장을 찍어주지 않았다. 당시에는 S대에 많이 입학시켜야 고3 담임이 유능한 선생님으로 인정받았다. 아버지는 내게 S대 치과대학을 권했다. 물론 담임 선생님의 권고에 따른 것이었다. 여러 가지 이유를 말씀하셨다.

"사업 실패로 경제적으로 어려워져서 의과대학 등록금을 끝까지 댈 수 있을지 자신이 없구나."

그런데 S대는 국립대학이라 등록금이 싸고 여차한 경우 아르바이트하기가 쉽다는 것이었다. 나는 간곡하게 말씀드렸다.

"제가 되고 싶은 의사가 되게 해주세요. 등록금 못 내

주시면 제가 벌어서 다닐게요. 원망하지 않을 테니 걱정 마세요."

아버지는 입을 다문 채 고개를 들어 나를 바라보셨다.

연세가 드시면서 아버지는 매사에 쉽게 노여워하셨다. 보통 대화를 하다가도 갑자기 화를 내셨는데 그 이유를 알 수 없는 경우도 있었다. 어떤 때는 한밤중에 갑자기 전화로 나를 호출하셨다. 화를 많이 내셔서 이유를 여쭈어 보니 미국 사는 형님들에게서 연락이 없어 섭섭하셨는데 나에게 화풀이를 하신 것이었다. 나는 형님들 대신 아버지께 사죄를 드려 마음을 가라앉혀 드리곤 했다. 그때부터 아버지가 나를 많이 의지하신다는 생각이 들었다.

여든두 살 되시던 해에 중풍에 이은 폐렴으로 돌아가셨다. 갑자기 쓰러져서 유언도 못 남기셨다. 쓰러지기 1년쯤 전부터 멍하니 앉아 계시는 일이 부쩍 많아졌다. 딱히 무슨 생각을 하는 것 같지 않으면서도 초점 없는 눈으로 한참씩 허공을 쳐다보고 계셨다. 그 무렵 아버지는 평소 같으면 화를 내실 것 같은 상황에서도 전혀 화를 내지 않았다.

젊은 시절 나는, 나에게서 아버지의 감성이 보이는 것

이 싫었다. 그래서 감성을 억제하고 이성적으로 살려고 애를 썼다. 의사로서는 그러는 편이 더 적절한 때가 많기도 했다. 그런 때는 어머니에게서 받은 이성의 유전자가 발현되었을 것이다. 그러나 사실 내 안에서 끓어오르는 감성의 압력이 정도 이상으로 높아지면 나도 모르게 그것을 낮추기 위한 무엇인가를 해 왔다. 중고등학교 시절 밴드부와 사중창, 대학 시절에는 그룹사운드와 연극, 사중창, 합창에 참여했다. 의사가 된 이후에도 탈춤을 추거나 재즈를 배워 공연에 참여했다. 환자와 가족을 위한 발레 공연에서 사회를 보거나 카메오로 춤을 춘 적도 있었다.

은퇴한 이후에도 드럼을 다시 배우고 직장인 밴드에 참여하는 등 무엇인가 감성적인 일을 계속하고 있다. 그것을 보면 내가 아무리 억제하려고 해도 그 감성의 유전자가 내 안에서 여전히 살아 움직이고 이어져 왔음을 부인할 수 없다. 내가 닮고 싶어 하지 않았던 그 유전자가 사실은 내 심장 한가운데에 굳건히 자리 잡고 있었던 것이다.

젊은 시절 나는 영문도 모른 채 마음의 열기와 외로

움 때문에 힘들어한 적이 있었다. 젊은 시절 아버지도 그런 자신이 감당하기 힘들었는지도 모른다. 그래서 자신의 약점을 많이 닮은 나를 걱정해서 일부러 엄하게 대했을지 모른다는 생각이 든다. 그런데 그 감성이 아버지와 나를 끈끈하게 이어주고 있음을 이제야 깨닫게 되었다. 아버지도 나중에는 당신을 가장 많이 닮은 나를 좋아하고 의지하시지 않았나 싶다.

딸이 나에게서 보았다던 내 아버지의 표정은 아버지 감성 유전자의 발현의 산물이었으리라. 그 표정이 나에게서 보인다는 작은딸의 말에 가슴이 뿌듯해진 것 역시 감성 유전자 때문일까?

나는 문득 거울을 쳐다보았다. 불원간 아버지 산소에 한번 다녀와야겠다.

종이봉투

몇 년 전, 로마로 가는 비행기 안이었다. 기내식을 먹은 뒤 자고 있는데 승무원이 잠을 깨웠다.

"저, 혹시 의사 선생님이세요?"

"네, 그렇습니다."

"환자가 생겨서 그러는데, 한번 봐주시겠어요?"

갑작스런 요청에 따라 나서기는 했지만 두 다리가 묵직했다. 내가 치료할 수 없는 병이면 어쩌나 하는 걱정이 들었기 때문이다. 승무원이 안내한 곳은 일반석의 뒤쪽 자리였다. 60대 후반으로 보이는 약간 통통한 여성이 코에 산소 줄을 달고 의자에 기대어 앉아 있었다. 일본인이라고 했다.

불안한 표정에 호흡을 빠르게 하고 있었으나 안색은 정상이었다. 승무원이 통역을 했다. 과거에 특별한 병을 앓지는 않았고, 약 30분 전부터 가슴이 답답해졌는데 양손이 저리고 뒤틀리는 것이 제일 힘들다고 했다. 청진기로는 이상 소견이 보이지 않았고 혈압도 괜찮았다.

그 비행기의 부기장이 옆에 있었다. 심각한 표정이었다. 모스크바 상공을 날고 있는데 환자 치료를 위해 비상착륙을 해야 할지를 결정해 달라고 했다. 비행기가 비상착륙을 하려면 휘발유를 다 버려야 한다는 말을 들었던 기억이 났다. 또 비상착륙 후 환자를 병원으로 이송해야 하니 자연 비행 스케줄은 많이 늦어질 것이었다. 그곳은 전체 여정의 반쯤 온 곳이어서 버려야 할 기름값만 해도 수천만 원은 될 것 같았다. 경솔하게 비상착륙을 하자고 말하면 안 될 것 같았다.

'아무런 진단 기구도 없이 그것을 어떻게 알 수 있담?'

'내가 괜찮다고 했다가 환자 상태가 나빠지면 어떻게 하지?'

순간 겁이 나기도 했고 머릿속이 무척 복잡해졌다. 의심해 봐야 할 질환이 여러 가지 떠올랐다. 폐나 심장의 질환뿐만 아니라 쓸개나 식도, 위의 질환도 대상이 되었다.

갑자기 좋은 생각이 들었다.

"종이봉투가 있으면 가져와주세요."

승무원에게 호기 있게 요청을 했다. 환자의 산소 줄을 뗀 다음 종이봉투를 주고는 코에 대고 숨을 쉬게 했다. 기대했던 바와 같이, 5분 정도 지나고 나니 양손이 뒤틀리던 것이 풀리고 가슴 답답한 것도 훨씬 편해졌다고 했다. 완전히 좋아진 것을 확인하고 나서 내 자리로 돌아왔다. 약 10분 후 승무원이 와서 환자가 편안하게 잠자고 있다고 알려주었다. 당연히 모스크바로 비상착륙은 하지 않았다.

당시 가장 걱정된 병은 '심근경색증'이었다. 그런데 환자의 양손이 뒤틀리는 것은 '심근경색증'에서는 나타나기 힘든 증후였다. 내과 전공의 시절, 부부 싸움 후에 응급실에 왔던 여성들이 많이 호소하던 변화 중의 하나가 손이 뒤틀리는 것이었다. 흥분하거나 불안해지면 숨을 빨리 쉬게 되고, 그때 내쉬는 숨에 섞여 핏속의 이산화탄소가 정상보다 많이 배출되게 된다. 그 결과 혈액이 알칼리화되면 혈중 칼슘이 줄어들게 되고 그 결과로 손발이 뒤틀리는 현상이 나타나게 된다.

이 환자에게 종이봉투 호흡을 시도해 보는 것은, 막대한 비용이 들거나 시간을 끌거나 위험을 감수하는 치료가 아니었다. 종이봉투 속으로 숨을 내쉬면 그 안에는 이산화탄소가 많아, 봉투 속의 공기를 다시 들이마실 때 핏속의 칼슘을 정상으로 회복시키게 된다. 물론 손이 뒤틀리는 것도 좋아진다. 다행히 짧은 시간 내에 완전히 회복되어 다른 중한 병이 아닌 것을 확인했고, 나는 속으로 안도의 한숨을 쉬었다.

비행기나 선박 또는 기차 속에서 심심치 않게 의사를 찾는 방송을 한다. 이런 경우 의사가 있어도 해당 전문과의 질환이 아니거나 전문 진단 기구가 없어 모든 환자가 잘 치료되기를 기대하기는 어렵다.

불행하게도 진료 결과가 나쁘거나 심지어 환자가 사망을 하는 경우 누가 책임을 져야 할까? 의사가 환자 진료를 회피하는 것도 본분을 다하는 것이 아니고, 나름 최선을 다해 진료를 했는데 결과가 나빠서 책임을 져야 하는 경우도 바람직하지 않다. 과거 미국에서는 비행기 안에서의 진료 결과가 나쁘다고 의사가 소송을 당한 예가 있었고, 중국에서는 최근에도 치료 결과가 나빠서 의사를 처벌했다는 보도도 있었다.

의사는 국적, 인종, 종교, 이념, 시간, 장소 또는 치료비 유무를 따지지 않고 환자 치료를 위해 최선을 다해야 해서 어떤 이는 이 직업을 성직이라고까지 말한다. 그렇지만 비행기같이 진료 여건이 갖추어지지 않은 곳에서 환자를 진료해야 할 때 힘들어하는 것은 당연한 일이다.

여러 나라에서 이런 경우 의사에게 책임을 묻지 않는 법을 만들었다. 신약성서에 나오는 예화에 따라 '착한 사마리아인의 법'이라고 부른다. 우리나라에서는 아직까지 이런 법을 만들려는 움직임이 없다.

로마에서 돌아온 후 몇 달이 지나 그 일에 대한 기억이 흐려질 때쯤, 일본에서 온 편지를 한 통 받았다. 그 일본 여성의 편지였다. 지방에서 전통 인형을 만드는 부부인데 얼마 전 외아들을 사고로 잃고 부인이 매우 상심했다고 한다. 남편의 권유로 생전 처음 비행기를 타고 이탈리아 여행을 가던 길이었다. 모스크바 상공에서 난기류를 만났고 불안한 마음이 커진 다음 그런 문제가 생겼다. 여행을 잘 마치고 귀국하여 내 명함을 주변 사람들에게 보여주었다. 자기를 진료한 의사가 서울의 한 대학병원 원장이라고 하여 놀랐으며, 또 계획된 여행을 무사히 마치게 되어 감사하다고 쓰여 있었다.

편지와 함께 일본 전통 인형 한 쌍이 배달되어 왔다. 단아하게 조각된 인형의 미소가 부드러웠다. 종이봉투가 환자 치료를 잘해준 덕에 내가 얻게 된 미소였다.

3. 감정의 덫에 걸리다

보리
아내의 방
따뜻한 실수
세신을 하며
감정의 덫에 걸리다
역지사지
가을 귀부인
소나무 가지치기
살구 잼 만들기

보리

　우리 강아지 이름은 '보리'였다. 2000년 봄, 생후 2개월째에 분양받은 수놈 슈나우저였다. 내 손바닥에 올려놓을 수 있을 정도로 작았고 꽉 쥐면 부서질 것 같아 보였다. 그런데 표정이 살아 있었고 머리와 등의 털은 바짝 깎은 반면, 수염과 가슴, 배의 털은 길러서 마치 중세 유럽의 군인 같아 보였다. 검은색과 흰색의 털이 몸의 위아래를 나눴고 긴 다리를 가지고 있어 날렵해 보였지만 순종은 아니라고 했다. 아직 발톱이 완전히 나지 않아서인지 아파트 마루 위에서 미끄러질 뿐 제대로 걷지도 못했다.

　둘째딸이 중학교 2학년 때부터 미국 유학을 보내달라

고 했지만 들어주지 못했다. 고등학교 1학년이 되도록 인터넷 대화방에 자주 들어갔고 가족과의 대화도 어려웠다. 해결 방법을 찾으려고 한참 고심하던 차에, 아내와 나는 둘째가 어려서부터 원했던 개를 길러보기로 결정했다. 낮 동안 집에 사람이 없어 돌볼 수 없던 것이 그동안 주저해 왔던 이유였다.

보리가 온 뒤부터, 우리 가족은 다시 모이기 시작했다. 집에 들어오면 누구나 보리부터 찾았고 보리와 관련된 모든 일이 공통의 화제가 되어 대화의 꽃이 피었다. 둘째딸도 예외는 아니었다. 보리는 단숨에 우리 가족 모두에게 큰 기쁨을 주는 존재가 되었다.

처음에 보리의 배변 훈련을 시키려고 여러 가지 방법을 시도했지만 좀처럼 되지 않았다. 하루 종일 혼자 있어서 그런 것 같았다. 낮 동안 거실이나 여러 방에 소변과 대변을 싸 놓았고, 야단을 쳐도 좀처럼 고쳐지지 않았다. 그런데 6개월쯤 지날 때부터 시키지 않았는데도 아파트 베란다에서만 변을 보기 시작했다. 우리 가족은 보리가 똑똑하다고 모두들 기뻐했다.

보리는 커가면서 유난히 사람을 겁냈다. 집에 손님이

방문하면 돌아갈 때까지 짖었다. 하는 수 없이 손님이 오면 방에 가두어 두었더니 혼자서 짖었다. 이번에는 위아래 집에서 시끄럽다고 불평을 했다. 밖에 나가서도 다른 사람을 보면 언제나 사납게 짖어댔다. 그냥 짖기만 하는 것이 아니라 마치 잡아먹을 듯 덤볐다. 아파트 10층에 살던 우리 가족은 엘리베이터를 탈 때면 다른 사람이 없는 것을 확인해야 할 정도였다. 중간에 사람이 타면 할 수 없이 내려서 계단으로 내려가곤 했다. 우리는 보리가 성격이 나쁘다고 생각했다.

그런 보리가 우리 가족은 참 잘 따랐다. 특히 내가 귀가하면 그 시간이 언제든 문 앞에서 기다리고 있었다. 나를 보면 내 발에 자기 몸을 얹거나 앞다리를 들고 껑충껑충 뛰면서 좋아했다. 오줌을 지리기도 했다. 또 어떤 때는 벌러덩 누워서 쓰다듬어주기를 기다렸다. 개가 가슴을 보이는 것은 복종의 표시라고 알려져 있다. 특별히 훈련을 하지 않았는데도 '앉아', '일어서', '손 줘' 등의 간단한 말은 잘 알아듣고 따랐다. 자주 우리 가족의 손을 아프지 않게 물었는데 슈나우저의 특징 중 하나로, 애정의 표시라고들 했다.

보리는 훌쩍 자라 성견의 체격을 갖추게 되었다. 털이 잘 빠지지 않는 종자였던 보리의 잠자리는 안방 침대 위, 나와 아내 사이가 되었다. 처음에 개를 싫어했던 아내는 보리가 예뻐서 팔베개를 해주기까지 했다. 우리 부부는 보리를 자식같이 사랑했다. 그런데 보리의 덩치가 커지니 불편해지기 시작했다. 상의 끝에 보리를 침대에서 내려 보내기로 결정했다. 갑자기 잠자리에서 쫓겨난 보리는 저녁마다 침대 옆으로 와서 끙끙거리며 보챘지만 우리는 잠자리 훈련을 위해 애써 모르는 체하기로 했다. 보채는 모습은 사람과 다를 바 없었다. 며칠이 지나니 보리는 할 수 없이 거실에 마련된 자신의 잠자리에서 자기 시작했다.

어느 날 퇴근 후, 거실 소파의 다리가 온통 긁혀 있는 것을 발견했다. 보리가 이빨로 갉은 자국이었다. 가구를 사는 데 든 비용은 보리를 데려올 때 동물 병원에 지불한 비용의 몇십 배가 되었다. 두 아이가 다 자란 후에, 늙을 때까지 쓰겠다고 아내가 마음먹고 산 가구였다. 너무도 허탈하고 화가 났다. 주변에 물어보니 심하게 혼을 내면 버릇을 고칠 거라고 하였다. 그러나 소용없었다. 다음 날에는 소파 옆의 장식장 다리를 온통 갉아 놓았다. 보리의 이빨이 새 가구의 거의 모든 다리를 갉을 때쯤, 가족회의를 했다. 보리를 혼내는 것으로는 문제가 해결되지 않을 것이라는 결론이었다. 개 훈련소를 찾아가 상담했다. 버릇을 가르치기 위해서는 최소 6개월은 맡겨야 한다는 것이었다. 그런데 우리 가족은 차마 보리와 6개월씩 떨어져 지낼 자신이 없었다.

다시 가족회의를 했다. 처음에 화가 났을 때는 너무 비싼 가구를 망쳤으므로 보리를 다른 집에 보내버릴까 하는 생각도 잠시 들었지만 그럴 수는 없다고 결론지었다. 보리 덕택에 흩어졌던 우리 가족이 다시 대화를 시작했고, 또 보리는 이미 우리 가족의 일원이 되었다는 것 등이 이유였다. 가장 중요한 것은 우리에게 맡겨진 생명이므로 어떤 상황이 되든지 끝까지 잘 돌봐야 한다는 사실에 이견이 없었다. '박현명'이라는 이름처럼 현명한 아내가 해결 방법을 제안했다. 보리가 가구의 다리를 갉기 시작한 것은 침대에서 밀려난 후부터였다. 따라서 갑자기 사랑을 잃었다고 생각하여 벌인 일이었을 것으로 판단했다. 결국 보리에게 적극적으로 사랑을 표시해주는 것밖에 해결책이 없겠다는 의견이었고 온 가족이 동의했다.

그 뒤부터 우리 가족은 보리를 볼 때마다 적극적으로 사랑 표시를 시작했다. 우선 머리를 쓰다듬으면서 안아주고 뽀뽀를 해주었다. 예쁘다는 칭찬도 빼놓지 않았다. 보리는 훨씬 안정되어 보였고 그 뒤로는 더 이상 가구를 갉지 않게 되었다.

어느 TV 방송에서 동물 심리학 연구에 관한 프로그램을 보았다. 개가 태어나서 최소 4개월을 엄마 개, 형제 강아지들과 같이 지내야 사회성이 형성된다는 것이었다. 그전에 엄마 곁을 떠난 개는 낯선 사람을 보면 공격적으로 변하고 많이 짖는다는 것이었다. 또 몰래 카메라를 설치한 후 개를 집에 혼자 두고 나가니 개가 불안해서 울부짖고 물건을 어지럽히는 행동을 하는 것을 보여주었다. 무서워서 그런다는 것이었다.

내 나이 세 살쯤이었던 시절. 겨우 걸음을 걷고 의사 표시가 가능한 때였다. 선생님이었던 어머니는 아침이면 출근하고 가사 도우미 누나가 집을 지켰다. 아침에 늦게 일어나서 방에 혼자 있다는 사실을 발견한 나는 소스라치게 놀랐다. 너무 무서워서 집이 떠나가라 하고 울면서 방 밖으로 뛰쳐나왔지만 도우미 누나는 밖으로 놀러 나가고 집에 없던 적이 많았다.

생후 2개월의 보리도 낮 동안 혼자 있으면서 그런 두려움과 외로움을 느끼지 않았을까? 어린 강아지 보리에게 정말 미안한 마음이 들었다. 시간을 되돌릴 수 있다면 보리에게 정말 잘해줄 수 있을 텐데 하는 생각에, 지금은 이 세상에 없는 보리가 더욱더 보고 싶어진다.

아내의 방

 아내는 작년 6월에 은퇴했다. 삼십사 년 동안 진료하던 내과의원을 닫았다. 마지막에는 공동 개원을 해서 한 주일을 반으로 나눠 서울과 양평을 오갔었다. 양평으로 완전히 이사한 아내는 자신만의 공간을 가지기 원했다. 결혼 후 처음이었다. 결혼 초 좁은 집에 전세 살 때에도 나는 서재가 있었다. 늘 나와 아이들에게 양보하느라 자신만의 공간을 가질 여유가 없었다.

 그뿐 아니라 쉬지 않고 일했다. 낮에 병원에서 일하고도 퇴근하면 집으로 달려와 아이들을 돌보고 집안일을 하느라 쉴 틈이 없었다. 자다가 새벽 한두 시에 깨어보면 그때까지 아내가 집안일을 하고 있던 적이 한두 번이 아니었다.

  나는 그것을 당연한 일로 생각했다. 남자는 직장 일을 열심히 해서 인정받고 명예를 얻으면 가장으로서 역할을 다하는 것이라고 믿었다. 가정을 돌보고 지키는 것은 여자의 의무라고 생각했다. 그래서 나는 가족과는 별로 시간을 보내지 않고 바깥일에만 열정을 쏟았다. 돌이켜 생각하면 아내와 두 딸에게 가슴이 미어질 정도로 미안한 일이었다.

  6년 전 양평에 집을 지을 때였다. 혼자 서울의 아파트에 살고 계신 어머니를 새 집으로 모시고 싶었다. 그동안 제대로 돌봐 드리지 못했던 데에 대한 죄송한 마음을 가지고 있던 터였다. 우리 부부는 어머니와 같이 살면서 마지막으로 효도할 수 있는 좋은 기회라고 생각했다.

  나는 어렵사리 말했다.

  "어머니, 양평 새집에서 같이 사는 것이 어떠세요?"

  "양평으로 같이 가자구? 알았다."

  어머니는 순순히 대답했다. 새집에서 가장 좋은 위치에 있는 안방을 어머니 방으로 드리기로 결정했다. 휠체어를 탈 경우에 대비해서 방문턱을 모두 없애기로 했다.

또 안방 화장실에는 문을 달지 않았다. 창문을 통해 바로 보이는 화단에는 매화나무를 한 그루 심기로 했다. 동양화를 그리던 어머니가 좋아하실까 해서였다. 나는 열심히 준비했으나 나중에 미국 사는 형제들에게서 들려온 이야기는 달랐다.

"내가 막내한테 같이 이사 가겠다고 했는데 사실은 안 갈 생각이야."

어머니는 95세를 넘어서까지 무리 없이 독립적인 생활을 하고 계신 데에 대한 자부심이 무척 컸다. 언제나 당당하고 의사 표시가 분명했다. 그런 어머니답지 않은 말씀이었다. 아직 진단을 받기 전이었지만 그때 이미 시작된 치매 때문인 듯했다.

집이 완공될 즈음, 어머니는 코피가 자주 나와 진료를 받다가 치매와 만성 신부전 악화가 발견되어 입원했다. 입원 중 생긴 폐렴이 심해지면서 의식이 없어졌고 중환자실에서 돌보다가 양평의 요양병원으로 옮겼다. 결국 새 집에는 살아보지 못한 채 먼 길을 떠나셨다.

어머니를 모시려고 했던 안방은 빈 채로 있었다. 아내가 은퇴 후 즐겁고 편안하게 지내는데 부족함이 없도록 서재로 꾸몄다. 책상과 책꽂이를 들여놓고 컴퓨터와 팩스, 프린터 등을 설치했다. 아내는 꽤 오랫동안 수채화를 그리던 터라 이젤과 화구를 더해 짐이 생각보다 많았다. 거기에다 최근에 재봉을 배워 재봉틀과 옷감까지 한쪽에 놓으니 좁지 않은 방인데도 발 디딜 틈이 없었다.

아내는 별일이 없으면 자기만의 공간인 안방으로 들어간다. 책을 읽거나 인터넷으로 필요한 것을 검색하고 여러 가지 공부도 한다. 그곳에 머무는 동안은 오롯이 자신만을 생각할 수 있는 시간이 된다.

평생 일만 하다가 갑자기 일을 놓으니 무료하지 않을까 속으로 걱정했다. 그러나 쓸데없는 걱정이었다. 아내는 날개를 단 말처럼 뛰고 날며 인생을 즐기고 있다. 재봉, 수채화뿐만 아니라 하모니카, 캘리그래피, 꽃 차 만들기, 커피 바리스타 교육에도 참여하며 행복해한다. 대부분 주민센터에서 하는 것들이다. 서예, 자전거, 스포츠댄스 같은 것은 나와 같이한다.

요즈음 아내는 정원과 텃밭을 가꾸느라 정신이 없다. 잡초를 뽑고 새로운 꽃을 계속 심는 덕택에 우리 집 정원에는 늘 아름다운 꽃이 피어 있다. 지금은 한련, 협죽도, 벨가못 등이 예쁘게 피어 있다. 텃밭에서는 상추, 고추, 오이, 토마토 등 여러 가지 채소가 줄지어 우리 집 식탁에 오른다.

아내가 은퇴한 뒤 일 년이 빠르게 지나갔다. 그동안 아내는 진정으로 하고 싶은 일을 하면서 열심히 살았다. 버지니아 울프가 인간으로서의 기본권을 향유하기 위해 필요한 최소한의 조건이라고 말했던 '자기만의 방'은, 아내에게 인생을 자신만의 관점에서 보는 기회를 제공했고 아내는 그 속에서 왕성하고 의미 있는 삶을 계획하고 또 이루고 있다.

'오늘이 남은 인생에서 가장 젊은 날'이라는 말을 좋아하는 아내가 매일매일 행복한 시간을 마음껏 즐겼으면 좋겠다.

따뜻한 실수

 35세 되던 해, 2년간의 미국 유학길에 올랐다. 텍사스주 휴스턴시에 있는 '엠디 앤더슨' 암센터에서 연구에 참여할 계획이었다.

 휴스턴에 도착해 아파트에 짐을 풀고 나니 당장 먹을 것이 필요했다. 대형 식품점으로 갔다. 물건을 골라 계산대로 갔다. 그런데 영어로 대화할 것이 걱정이었다. 줄에 서서 보니 앞사람들이 아프리카계 미국인 청년 계산원과 'Hi!' 하고 간단히 인사를 나누는 것이었다. 내 차례가 되어 똑같이 인사했다. 무사통과. 중학교 영어 시간에 배운 인사법과는 완전히 달랐다.

 '이게 미국식 영어구나.'

긴장을 풀고 계산이 끝나기를 기다리고 있었다.

바코드를 찍던 계산원이 갑자기 말을 걸어왔다. 못 알아들었다. 급히 기억 속의 영어 창고에 들어가 여기저기 뒤지다가 케케묵은 먼지 구덩이 속에서 가까스로 답을 하나 찾아냈다.

"I beg your pardon?"

학교에서 배운 영국식 영어였다. 그 청년이 무어라 다시 말했다. 또 알아듣지 못했다. 또다시 말했으나 알아들을 수 없었다. 얼굴이 붉어지고 가슴이 뛰면서 눈앞이 노래졌다. 결국 답을 못했다. 나중에 정신을 차리고 생각해보니 'How doing?'이라고 한 것 같았다. 'How are you doing? 어떻게 지내?' 하는 미국식 표현으로 생각되었다.

'아니 식품점 계산원이 계산만 하면 되지, 내가 어떻게 지내는지는 왜 물어?'

집에 와서 보니, 영수증에는 적혀 있는데 어디서 빠졌는지 계란 한 줄이 없었다.

아무래도 영어 회화 공부를 더 해야 할 것 같았다. 가까운 라이스대학의 야간 영어 강좌에 등록했다. 쌀농사를 많이 짓던 농부가 기부한 돈으로 세운 대학이어서 이름이 쌀을 의미하는 라이스대학인 것 같았다. 반 배정을 위한 시험을 쳤다. 최상급반에 배정되었다. 그 반에는 유럽이나 남미 출신이 대부분이었고 아시아 사람은 나와 일본 상사 주재원 두 사람뿐이었다. 유럽이나 남미 사람들은 외모도 그렇지만 내가 보기에는 말도 미국 사람과 비슷하게 잘했다. 자신들의 영어를 세련되게 만들기 위해서 등록했다는 것이었다. 나는 중학교, 고등학교와 대학을 포함해서 12년 동안 영어를 배우거나 영어로 된 교과서로 공부했다. 그런데도 말은 잘 알아듣지 못하는 형편이었다. 일본인도 사정은 마찬가지였다. 강의 시간에는 주제를 한 가지 주고 찬반 토론을 시켰다. 말을 잘 알아듣지 못하니 입을 떼는 것이 쉽지 않았다. 내 영어 회화 실력은 빨리 늘지 않았다.

실험실에서는 세계 각국에서 온 연구원들과 어울리게 되었다. 처음에 제일 괴로운 것이 전화 응대하는 일이었다. 미국 사람들은 전화할 때에도 우리가 영어 시간에 배운 것처럼 말하지 않았다. 전화 속에서 나오는 말을 이해하기 어려워 전화 옆에 있다가도 벨소리가 울리면 다른 곳으로 피했다.

여섯 달쯤 지나니, 내 미국식 영어 회화 창고에 여러 가지 경우의 대화법에 대한 정보가 쌓였다. 매일 만나는 연구실 동료들과 간단한 대화를 할 수 있게 되었다. 미국 TV의 뉴스나 드라마도 조금은 알아듣게 되었다. 처음처럼, 전혀 들어보지 못한 영어의 기습 공격을 받고 얼굴을 붉히고 말을 더듬는 일은 많이 줄어들었다.

실험을 본격적으로 하게 되니 매일 와이셔츠를 빨아서 다리미로 다리는 시간도 아까웠다. 세탁소에 맡기기로 했다. 마침 할인 행사를 하는 세탁소를 신문에서 발견하고 일주일치 와이셔츠를 들고 갔다. 두 세트를 마련해서 한 주일에 한 세트씩 번갈아 맡기고 다음 주에 입을 옷을 찾아올 셈이었다. 세탁소 주인은 백인 여성이었다. 처음부터 인사를 해도 반응이 없었다. 거기다가 전혀 웃지 않았다. 속으로 그녀가 인종차별을 하나 싶은 생각도 들었다. 세탁소 가는 날은 매번 마음이 불편했으나 그곳만큼 싼 곳이 없었다. 그런데 옷을 맡기고 나올 때 그녀는 무표정한 얼굴이었지만 인사를 빠뜨리지 않았다.

"You have a good day!"

나는 의외라는 생각이 들었지만 대답을 했다.

"Thank you, you too!"

그 이상 더 말을 걸어볼 엄두는 내지 못했다.

그녀의 무표정한 인사와 그에 대한 나의 대답은, 내가 연구를 끝내고 한국으로 돌아올 때까지 변함없이 계속되었다.

"You have a good day!"

"Thank you, you too!"

휴스턴을 떠나기 일주일 전. 마지막으로 세탁소에 갔다. 그때는 더 이상 빨래를 맡길 필요가 없었다. 주인 여성에게 작별 인사라도 해야 할 것 같았다. 용기를 냈다.

'나는 한국에서 왔는데 2년간의 연구가 끝나고 다음 주에는 한국으로 돌아간다. 그래서 오늘 옷을 찾아가는 것으로 마지막이다. 그동안 잘해주어 고맙다.'

이야기를 다 들은 그녀는 예의 그 무표정한 얼굴로 마지막 인사를 했다.

"Have a good trip!"

속으로 긴장하고 있던 내 입에서 나도 모르게 답이 튀어나왔다.

"Thank you, you too!"

말을 마친 즉시, 내 답이 잘못되었다는 것을 깨달았다. 그녀와 눈이 마주치자 우리는 서로 얼굴을 마주 보고 웃었다. 일 년 반 만에 처음 그녀의 웃는 얼굴을 보았다. 그녀도 정이 있는 사람인 것을 확인하는 순간이었다.

돌이켜 생각해보면, 미국 유학 기간 동안 그렇게 긴장하지 않고 여유 있게 살았어도 될 것을 괜히 그랬구나 하는 생각이 든다. 가족들과 시간을 많이 가질 수 있었고 내가 원하는 일만 할 수 있었던 젊은 시절, 내 인생의 황금기였는데. 되돌릴 수 없는 그 시간이 그립고 그때 만났던 사람들이 다 귀중하다. 지금 돌이켜 보면, 그 세탁소 여주인도 미국으로 이민 온 지 얼마 안 되는 남미 사람이었던 것 같다. 그녀도 나처럼 영어가 익숙하지 않아 긴장했고, 웃지 않은 것이 아니라 웃지 못했던 것이리라.

세신을 하며

　원주에 새로 개발되었다는 온천 목욕탕을 찾아갔다. 양평에서 볼 때 원주는 서울에 비해 가깝고 붐비지 않는 조용한 도시이다. 겨울 동안 계속된 추위 때문인지 샤워하는 것만으로는 몸이 풀리지 않았다. 왠지 뜨거운 물에 몸을 푹 담그면 상쾌해질 것 같았다. 거기에 때라도 밀면 마음까지 가벼워질 것 같은 생각이었다.

　평일이라 그런지 별로 손님이 없었다. 세신 예약을 하면서 보니 벽에 가격표가 붙어 있었다. 세신, 만 오천 원. 이것이 웬 횡재. 서울에 비하면 반도 안 되는 값이었다.

　뜨거운 탕으로 들어갔다. 나 혼자였다. 어린 시절, 아버지는 일요일 아침 목욕탕에 갈 때면 막내인 내 손을 잡아끌었다. 사람들이 북적거리는 탕 위에는 항상 부연 수증기가 서려 있었고 그 속에서 깜빡거리는 백열등이 어린 내 눈에는 다른 세상의 별빛 같았다. 수영복을 입은 아저씨가 간간이 매미채로 탕 물 위의 하얀 부유물을 걷어내곤 했다.

그때는 탕이 싫고 무서웠다. 아버지는 도망치는 나를 잡아 강제로 탕 속으로 밀어 넣었다. 뜨거운 물을 견디다 못해 뛰쳐나오면 아버지의 무서운 얼굴이 쫓아왔다. 나는 겁에 질려 울음소리를 삼켰다. 아버지는 때를 밀어주신다고 나를 아버지 다리에 엎어 놓았다. 그 큰 손에 수건을 감고 벌겋게 익은 내 등을 문질렀다. 아프기도 했지만 어린 마음에도 내 몸에서 때가 나오는 것이 창피했다.

온천 목욕탕의 세신사는 50대 중반으로 보였다. 다부진 체격이었는데 유독 아랫배가 나온 것이 눈에 띄었다. 한구석에 있는 나지막한 세신대에는 40대 후반으로 보이는 건장한 남자가 누워 있었다. 얼핏 보기에도 양 가슴의 대흉근이 잘 발달되어 있었고 어깨 뭉치의 삼각근은 남성적 매력을 여지없이 드러내고 있었다. 그리고 양팔의 이두박근과 삼두박근이 거기에 걸맞게 튀어나와 있었다. 보기 좋게 드러난 갈비뼈, 홀쭉해 보이는 배에는 지방이 별로 없었고 복직근이 발달하여 단단해 보였다. 소위 초콜릿 복근이 눈에 띄었다. 쪽 뻗은 다리, 대퇴부와 종아리의 알맞은 근육. 한눈에 운동을 많이 하는 사람이라는 걸 알 수 있었다. 미로의 원반 던지는 사람이 생각났다. 그 정도 체격을 유지하려면 지속적인 운동은 물론 식사 조절까지 꽤 열심히 했을 것이다. 양쪽 어깨의 수술 흉터를 제외하고는 흠잡을 데가 없어, 남자라면 누구라도 부러워할 몸매였다.

 몸이 제법 물에 불었을 무렵 내 차례가 되었다. 세신사는 나보고 잠깐 누워 있으라고 말하고는 어디론가 갔다. 갑자기 외로움이 엄습했다. 의과대학 시절 첫 번째 해부학 실습 시간. 해부대에 발가벗은 채 눕혀 있던 '카다바'라고 부르는 사체가 왠지 외로워 보였다. 학생들은 심각한 표정으로 해부대를 에워싼 채 모두들 두 손을 앞으로 모으고 서 있었다. 해부학 교수님은 앞으로 사체에 대한 경건한 태도와 존중과 감사를 강조하시고는 묵념을 하라고 했다. 그때 갑자기 옆 조의 여학생 한 명이 정신을 잃고 쓰러졌다. 죽은 사람의 몸을 가까이에서 보는 중압감을 견디지 못했던 것이 이유였으리라. 매 학년 해부학 실습 첫 시간에 흔히 일어나는 일이라고들 했다.

나는 세신대 위의 천장을 보고 바로 누워서 양 손바닥을 하늘을 향하게 놓았다. 그것이 소위 해부학의 기본자세였다. 세신사가 왔다. 누워 있는 내 손을 잡더니 손등이 하늘을 보도록 돌려 잡고 때를 밀기 시작했다.

'아, 세신의 기본자세는 해부학의 기본자세와는 다르구나.'

나만 아는 실없는 웃음이 흘러나왔다.

세신사는 이태리타월과 수건을 겹쳐 감은 손을 능숙하게 움직였다. 손에서 시작해서 팔을 거쳐 어깨의 삼각근까지 올라가더니 목 밑을 문지르다가 배로 내려왔다. 복벽을 거쳐 아랫배까지 한 번에 문질렀다. 나이가 더 들기 전에 나도 초콜릿 복근을 한번 만들어 봐야 하는데 하는 회한이 갑자기 밀려왔다. 단전 부위를 문지를 때는 흔들리는 시계추를 누가 볼까 봐 잠시 창피했다. 마음을 가다듬고 나니 머리가 맑아지는 것 같았다. 어지러운 세상에서 흩어졌던 마음이 모아진 탓이리라.

다음에는 내 팔을 들어 머리 옆으로 올렸다. 겨드랑이부터 옆구리를 훑어 내려오더니 다리를 거쳐 발까지 부드럽게 문질렀다. 언뜻언뜻 국수발 같은 때가 떨어지는 것이 보였다.

　'아, 저게 때구나. 내 마음에 있는 때도 저렇게 다 벗겨낼 수 있을까?'

　세신대 위를 물로 씻어 내릴 때는 안도감마저 들었다.

　다음 세신사가 내 왼손을 잡았다. 처음부터 다시 시작. 자세를 바꿀 때 무엇이라고 하는지 궁금했다. 아무 말 없이 내 몸을 원하는 방향으로 슬쩍 밀었다. 오른쪽과 왼쪽 옆으로 눕는 자세가 끝나니 이번에는 말로 엎드리라고 했다. 뒷목과 어깨를 가볍게 주무르기 시작했다. 시원했다.

　"어깨가 많이 뭉치셨군요."

　작은 소리로 말을 했다. 뒤통수의 아랫부분부터 등의 중간 정도에 걸쳐 있는 마름모꼴 가오리연 모양의 승모근이 경직되면 뒷머리의 두통이나 어깨의 통증이 쉽게 생긴다. 이 대목에서 어깨가 뭉쳤다고 말을 거는 것은 요금을 추가로 내고 마사지를 받지 않겠느냐는 신호일 것이라는 생각을 했다. 어깨에 대한 콤플렉스를 가진 나는 짐짓 못 들은 체했다.

이태리타월이 승모근을 떠나 허리를 지났다. 엉덩이의 대둔근을 문지른 뒤에 대퇴부의 뒤쪽에 있는 햄스트링 근육을 지나 발목의 아킬레스건에 도달할 때까지 세신사의 손은 브레이크 없이 활강을 했다.

전에는 내 엉덩이가 빵빵했다. 다리통까지 굵어 전에 축구를 했느냐는 질문을 받기도 했다. 그런데 병을 앓고 난 후 엉덩이와 대퇴부가 눈에 띄게 작아졌다. 아직 노력하면 개선될 여지가 남아 있다는 생각에 열심히 운동하기로 했다. 사실 병원 치료 후 열흘이 지나니 다리 근육이 말라 다리뼈 위에 살가죽만 남아 있었다. 치료가 끝나고 막 퇴원할 때는 걷는 것조차 힘들었다.

누구나 사는 동안 여러 가지 힘든 일을 겪게 마련이다. 의과대학 본과 1학년 때가 내 딴에는 살면서 가장 힘든 시기 중 하나였다. 의학의 여러 기초 과목을 배웠는데 매일 시험을 봐야 했다. 매주 보는 퀴즈와, 과목마다 학기 중간중간에 보는 시험, 그리고 중간고사와 기말고사였다. 해부학은 필기시험 외에도 '땡 시험'을 봤다.

학생들이 해부하던 '카다바'의 근육이나, 혈관, 뼈를 줄로 묶어 표시를 해놓고 문제를 적어 놓았다. 한 문제에 한 학생씩 서서 정해진 시간 내에 앞에 있는 문제의 답을 쓰라는 것이었다. 시간이 되면 조교 선생님이 종이나 병 같은 것을 금속 막대기로 쳤다. 땡 소리가 나면 전체 학생이 동시에 다음 문제로 자리를 옮겨야 해서 '땡 시험'으로 불렸다. 학생들이 움직이는 땡 소리에 맞춰 움직이는 모습은 마치 시계 속에서 부속품이 돌아가는 것 같았다.

"발뒤꿈치 각질 제거하시겠어요? 어천 원 추가돼요."

갑작스런 아저씨의 질문은 끝없는 추억 속을 여행하던 나를 단번에 깨웠다.

'어천 원? 아… 오천 원.'

세신사가 중국 동포라는 사실을 그제야 알아챘다.

"네. 해주세요."

그렇지 않아도 가뭄 때 논바닥같이 갈라져서 나를 우울하게 했던 발뒤꿈치를 오늘에야 해결하는구나 하고 생각했다. 사실 발뒤꿈치뿐만 아니라 몸 전체가 한 꺼풀을 벗은 셈이었다. 그날 세신은 전신에 비누칠하는 것으로 끝이 났다. 세신사의 등에는 땀이 송골송골 맺혀 있었다.

  세신을 한 후 찌뿌듯하던 온몸이 이완되면서도 마음마저 편안해졌다. 옛 성현들도 수행 중 목욕을 하고 심신을 맑게 했다는 기록이 있질 않는가. 온천물이 내 몸의 근육을 이완시키고 또 때를 미는 동안 전신 마사지 효과도 있었을 것이다. 그리고 마음이 맑아지고 편안한 것으로 보아, 몸을 씻고 때를 벗기는 동안 고맙게도 마음의 때도 조금은 벗어진 것 같았다. 기왕 몸과 마음이 깨끗해지는 김에 내가 살면서 지었던 크고 작은 죄까지 모두 다 씻어 없앨 수 있다면 얼마나 좋을까.

감정의 덫에 걸리다

 몇 해 전, 대만에서 살던 둘째딸이 외손자, 외손녀를 데리고 양평 집에 다니러 왔다. 사위는 바빠서 못 왔다. 그런데 도착한 다음 날 두 살배기 외손녀가 미끄럼틀에서 떨어져 왼쪽 손목에 골절상을 입었다. 외가에 와서 다쳤으니 사위와 사돈을 볼 면목이 없었다. 함께 지낸 열흘이 초긴장 속에서 지나갈 수밖에 없었다.

 돌아가는 날, 새벽같이 일어나 인천공항까지 갔다. 출국수속을 도와주고 점심까지 먹여 출국장으로 들여보내고 나니 긴장이 풀렸는지 온몸이 느른하고 피로가 파도처럼 몰려왔다. 손자들이 오면 반갑고, 가면 더 반갑다는 이야기가 실감이 났다. 양평으로 가는 것을 포기하고 서둘러 큰딸이 사는 아파트로 갔다.

  큰딸은 주민에게 배당된 주차 공간 외에 우리가 가면 주차할 수 있도록 한 자리를 더 유료로 쓰고 있었다. 그런데 그 자리에 떡하니 어떤 외제 차가 주차되어 있었다.

  '누군데 남의 자리에 주차한 거야? 외제 차는 아무 데나 주차해도 된다는 말이야?'

  괜한 외제 차에 대한 반감에 화가 더 치밀어 올랐다.

  차 앞 유리창에 붙어 있는 전화번호로 전화를 했다.

  "여보세요. ○○○○번 차주 되시나요? 남의 자리에 주차를 하시면 어떻게 해요? 빨리 빼주세요."

  "저, 지하주차장 청소한다고 관리 사무소에서 다른 데 대라고 해서 그랬어요."

  쾌활한 목소리의 젊은 여성이 예의 바른 태도로 미안해했다.

  "그래도 주인 있는 자리에 대시면 안 되잖아요."

  내 목소리의 톤은 조금 전보다 더 투박해졌다.

  "그 자리가 '공용' 자리라고 그랬어요."

  얼핏 보니 그 자리에는 딸 집 동호수가 선명하게 적혀 있었다.

"'공용'은 무슨 '공용'이에요. 여기 집 동호수가 그대로 적혀 있는데."

너무 피곤했다. 그동안 억눌려 있었던 정체 모를 울분이 울컥하고 솟아 올라왔다.

전화를 하며 위를 쳐다보니 '공용'이라는 팻말이 달려 있긴 했다. 양쪽 기둥 사이에 있는 세 자리 중 가운데인 우리 자리 바로 위였다. 그때는 그 팻말이 왜 그곳에 달려 있는지 정확하게 몰랐다.

"죄송한데, 제가 지금 잠실 친구 집에 놀러 와 있거든요."

남의 주차 공간에 자기 차를 세워두고 놀러 갔다는 말에 나는 화가 머리끝 바로 밑까지 치밀었다.

"돌아가는 대로 빨리 빼 드릴 테니 좀 참아주시면 안 될까요?"

애교 섞인 예쁜 목소리도 소용이 없었다. 얼른 주차해 놓고 가서 쉬었으면 좋겠는데 '이 젊은이가 왜 이러지' 하는 생각만 들었다.

"빨리 차 빼 주세요."

사실 그렇게 악을 쓸 일도 아니었다. 평소 같았으면

충분히 알겠으니 천천히 오시라고 할 만한 일이었다. 사실 내 차도, 비어 있는 다른 '공용' 자리에 주차해 놓으면 쉽게 해결될 수 있었다. 그러나 어쩐 일인지 그날 나는 평소 내가 알던 나와 전혀 다른 사람인 것처럼 낯설어 보였다.

관리 사무소로 갔다. 자초지종을 이야기하니 관리소 직원의 대답은 이랬다. 아파트 전체로 주차 공간이 부족하여 두 자리를 쓰는 가구 중에 한 자리가 비워 있는 경우가 많아 방침을 바꿨다. 어느 가구든 두 자리 중 한쪽에 '공용' 팻말을 붙이고 누구든 댈 수 있게 했다는 것이었다. 통보도 없이 바꾸면 어떻게 하냐고 항의했더니, 모든 가구에 통보를 했다는 쌀쌀맞은 대답이 돌아왔다. 우리 가족이 둘째딸네 가족과 양평에서 지낸 열흘 사이에 일어난 일이었다.

'아뿔싸!'

갑자기 전신에서 힘이 빠졌다. 그녀는 잘못한 것이 없었다. 조금 살살 말할걸 괜히 목소리를 높였다는 자책을 해도 이미 엎질러진 물이었다. 망설이다가 그녀에게 전화를 했으나 받지 않았다. 몇 번을 반복했다. 대답이 없었다. 잠시 후 다시 하니 전화기가 아예 꺼져 있었다. 결국 새로 알게 된 상황에 대해 설명하고 사과할 방법이 없었다.

걸음을 재촉해 관리 사무소로 갔다. 직원에게 문제의 그 자리를 쓰겠으니 '공용' 팻말을 다른 자리로 옮겨달라고 했다. 그렇게만 하면 '공용' 자리에 맞게 주차한 그녀에게 몹시 화를 낸 것에 대한 변명이 될 수도 있을 것 같았다.

'보세요. 거기가 내 자리 맞잖아요. 관리 사무소의 착오로 '공용' 팻말이 붙어 있었던 것이에요.'

일단 차를 다른 자리에 세우고 집으로 갔다.

'화낸 것을 어떻게 사과해야 할까?'

생각해보니 그것 참 기가 막힐 노릇이었다. 살다가 이렇게 곤란한 경우는 좀처럼 겪기 힘든 일이었다. 전화라도 오면 뭐라고 해야 할지 대책이 서질 않았다. 조금 살살 할 것을. 왜 그렇게 펄펄 뛰었을까. 환갑 지난 나이에 젊은이에게 혼날 생각을 하니 입에 침이 말랐다. 순간, 전화기의 전원을 꺼버려야 하겠다는 생각이 들었다.

'자기가 나를 어떻게 찾겠어.'

그런데 그건 너무 비겁한 것 같았다. 또 그러면 내가 너무 초라해진다는 생각도 들었다. 다시 주차장으로 내려가 보았다. '공용' 팻말이 아직 그대로 붙어 있었다. 마음대로 움직여주지 않는 관리 사무소 직원이 원망스러웠으나, 가서 큰소리칠 상황도 아니었다. 다시 집으로 갔다. 될 대로 되라 하는 심정이었다. 전화기 전원을 다시 켰다. 혼이 나더라도 더 이상 비겁해지지는 말자는 생각이 들었다.

두 시간쯤 지나 전화벨이 울렸다. 자포자기하는 심정으로 전화를 받았다. 전화기 넘어 여성의 목소리가 꽤나 울퉁불퉁했다.

"나 여기 주차장에 왔는데요. 이 자리, '공용' 맞잖아요."

"네. 맞아요. 댁에서 잘못하신 것이 하나도 없네요."

풀 죽은 내 목소리가 바닥을 기었다.

"내가 그렇게 사정했는데 선생님이 얼마나 화를 내셨는지 아세요? 내 친구들이 그 아파트 사람들 그렇게 인정머리가 없냐고 하더라구요."

"미안해요. 전화 끊고 나서 '공용'으로 바뀐 것을 알았어요."

"그리고, 잘못된 것을 아셨으면 왜 전화 안 해주셨어욧? 난 친구들 모임에서 중간에 나왔잖아욧."

그녀의 목소리가 점점 뾰족해져 갔다.

"댁에서 전화를 안 받았고, 나중에는 전화기를 꺼 놓았더라구요."

나는 연체동물이 되었다. 이리 밀면 이리 밀리고 저리 밀면 저리 밀리면서 대답을 이어갔다. 변명은 아무 도움이 안 될 것 같았다.

"그랬으면 문자라도 보내셨어야죠."

이미 엎질러진 물이었다. 지금 당장 만나서 이야기하자고 할까 봐 겁이 났다. 다행히 그녀는 자기도 너무 나갔다 싶었는지 말투를 둥글렸다. 결국 그 일은 그녀의 한숨 섞인 종료 선언으로 끝을 맺었다.

살다 보면 그렇게 일은 원하는 대로 안 되고, 뜻하지 않은 감정의 덫에 걸려 실수를 하는 경우가 있다. 그런 날은 왠지 자기조절이 잘 안 된다. 무엇에 홀리기라도 한 것처럼. TV 뉴스에서 차선 변경을 하도록 공간을 내어주지 않았다고 뒤차의 유리를 망치로 깨부순 사람 이야기를 듣고 어떻게 그렇게까지 할 수 있을까 하는 생각을 했다. 그런데 나도 감정의 덫에 걸리면 뒷감당하기 힘들 정도로 화를 내지 말라는 법도 없겠다는 생각을 하니 등에 식은땀이 났다.

역지사지

부교수 시절, 나는 여의도 소재의 대학병원에 종양내과를 신설하면서 분과장으로 부임하게 되었다. 그 병원은 한국 최초로 조혈모세포이식에 성공한 병원이어서인지, 전국에서 혈액암 환자가 몰려들었다. 나는 고형암의 항암 치료도 했지만 조혈모세포이식센터의 일원으로 악성림프종의 항암 치료 및 조혈모세포이식을 담당하고 있었다. 시간이 지나면서 환자가 많아졌다. 그러다 보니 눈코 뜰 새 없이 바빴다.

그 병원 응급실은 혈액암 환자로 만원이었다. 상태가 급한데 입원실이 나지 않는 경우 어쩔 수 없이 응급실에서 항암 치료를 시작하기도 했다. 그러다 보니 응급실 당직 의사나 간호사들의 불만이 많았다.

 어느 날 아침 응급실 회진을 하는 중이었다. 보호자 한 분이 표정이 심하게 일그러져 있었다. 암이 뼈로 재발하는 바람에 통증이 심해 응급실로 왔던 환자의 부인이었다.

 "왜 표정이 그러세요? 안 좋은 일이 있으셨어요?"

 "어젯밤 인턴 선생님이 얼마나 불친절했는지 몰라요. 환자는 아파하는데 통증 조절도 해주지 않고…. 와서 봐주지도 않고…."

 "그래요? 아니, 그런 나쁜 의사가 있나? 아픈 환자를 방치하다니."

 정말 화가 났다. 온갖 불평을 쏟아내는 보호자를 달랬다. 모든 의사들이 말기 환자 통증 조절을 잘해주기를 강조하고 있었는데 그 반대의 일이 일어난 것이었다.

 '요즘 젊은 의사들은 왜 그러나 몰라. 저렇게 아파하는 환자의 통증 조절을 잘해줘야지…. 거기다가 불친절하게 굴면 어떻게 해. 자기 가족이 아파도 그렇게 했겠어? 누군지 찾아서 혼을 내야 되겠어.' 하고 혼자 분통을 터뜨렸다. 의사들만 있는 자리였다.

응급실 회진을 마치고 떠나려는 순간 한 젊은 의사가 내 앞을 가로막았다. 간호사의 연락을 받고 허둥지둥 달려온 것 같았다.

"제가 어젯밤 당직 인턴입니다."

"어… 자네야?"

"왜 아픈 환자 통증 조절을 안 해줬나? 더구나 아주 불친절했다던데…."

"저는 불친절하게 행동한 적 없습니다. 마약성진통제라고 가족들이 사용을 거부해서 설득하려고 노력했을 뿐입니다. 다른 진통제를 썼지만 잘 듣지 않았습니다. 환자가 많이 아파해서 가족들이 기분이 안 좋았을 뿐입니다."

인턴은 차분하고 당당했다. 그 순간 젊은 인턴의 얼굴에, 20년 전 내 얼굴이 겹쳐졌다.

군 복무를 마치고 인턴을 시작한 지 몇 달 되지 않았을 때였다. 응급실장 방으로 급히 오라는 연락을 받았다. 직감적으로 '무슨 문제가 생겼구나.' 하는 생각이 들었다. 교수님이 응급실 인턴을 부르는 것은 흔하지 않은 일이기 때문이었다.

낮에는 응급실 상주 근무를 했다. 밤에는 전체 인턴들

이 돌아가면서 5일에 한 번 정도 응급실 당직을 했다. 그 병원 응급실은 환자 수가 많고 대부분 증세가 심한 환자들이라서 햇병아리 의사인 인턴이 감당하기 어려웠다. '지옥'이라는 별명으로 불릴 정도였다.

"홍 선생이 어젯밤 응급실 당직이었나?"

응급실장 교수님이 물었다. 늘 아랫사람들을 인자하게 대하셔서 내심 존경하던 교수님이었다.

"네, 김 선생하고 둘이 당직을 섰습니다."

"환자가 많았다며?"

"네, 새벽까지 잠시 앉아 있을 틈도 없었습니다."

"어젯밤에 환자하고 무슨 일이 있었어?"

순간 전날 밤, 얼굴에 찰과상을 입고 왔던 환자의 얼굴이 떠올랐다.

초저녁부터 내리던 비가 굵어지더니 창문을 때리는 소리가 마치 하드락 밴드의 타악기 소리같이 규칙적으로 들리고 있었다. 응급 환자는 계속 몰려들었다. 당시는 응급 의학과가 생기기 전이었다. 응급실에서는 인턴이 먼저 환자를 진료하고 기초 검사 결과가 나오면 해당과 레지던트에게 연결하도록 되어 있었다. 인턴 두 명이 뛰어다니며 환자를 보는데도 쌓여 있던 차트는 점점 늘어만 갔다. 서울 시내의 응급 환자는 모두 그 병원 응급실로 모인 것 같았다.

자정 무렵, 50대 초반의 환자가 얼굴에 찰과상을 입었다고 왔다. 어느 건물 모서리에 긁힌 상처라고 했다. 입에서 술 냄새가 많이 났다. 성형외과 당직실로 바로 전화했다. 자다가 깬 레지던트가 흔쾌히 내려오겠다고 했다. 우선 상처 소독을 하고 환자에게 기다리시라고 설명했다. 다른 환자를 돌보고 있는데 그 환자가 와서, 거울을 보니 꿰매야 할 상처는 아닌 것 같아 그냥 집으로 가겠다고 했다. 성형외과 레지던트에게 연락을 했으니 만나고 가라고 해도 막무가내였다. 술이 많이 취했으니 조심해서 가시라고 인사했다.

한 시간쯤 쉬지 않고 환자를 봤는데도 차트는 전보다 더 높이 쌓여 있었다. 그런데 갑자기 문 쪽에서 떠들썩한 소리가 들렸다. 아까 그 환자가 문 앞에 서서 소리를 지르고 있었다. 왜 치료를 안 해주냐는 것이었다. 아까의 상황을 차분히 설명하니 이번에는 막무가내로 진료비를 돌려달라고 했다. 술에 취해 꼬부라진 혀로 욕설까지 퍼

부었다. 몇 번이고 반복해서 설명해도 소용이 없었다. 오죽하면 옆 침대의 환자 보호자들이 자신들이 나중에 필요하면 증언하겠다고 거들고 나섰다. 그 환자는 자신의 동생이 모 대학병원의 교수인데, 동생한테 얘기해서 나를 가만히 두지 않겠다는 협박을 남기고 사라졌다.

"병원부장님이 홍 선생한테 시말서를 받아오래."

병원부장 교수님은 당시 텔레비전에도 자주 출연했고 전국에서 찾아오는 환자로 외래가 인산인해를 이루는 분이었다. 대학에서 영향력이 커서 나 같은 인턴 하나쯤 혼내주는 것은 일도 아니었다. 그러나 잘못한 것이 없는데 시말서를 쓸 수는 없었다. 내 의사로서의 앞길이 순탄치 않을 것이라는 생각이 들어 겁이 났다. 하지만 난 어금니를 깨물었다.

"전 시말서 못 쓰겠습니다. 그럴 만한 잘못을 저지른 적이 없습니다."

응급실장은 안타까운 표정으로 말없이 생각에 잠기더니, 그럼 경위서라도 써서 병원부장님께 가져가 보라고 했다.

병원부장은 교수실에 계시지 않았고 전화 연결도 되지

않았다. 점심때쯤 응급실을 통해 지나가는 길에 마주쳤다. 나는 쫓아가서 인사를 하고 경위서를 내밀었다.

"제가 어젯밤 당직 인턴입니다."

"자네야? 응급실 당직 인턴이 왜 환자를 안 보고 방에 가서 잤나? 왜 응급 환자를 치료도 안 해주고 쫓아냈나?"

순간 머릿속이 하얘졌다. 최소한 어젯밤 어떤 일이 있었는지 물어줄 것을 기대했으나 야단부터 치시는 것이었다. 이미 나를 나쁜 인턴으로 결론 내린 후였다. 전신이 부들부들 떨리고 어찌할 바를 몰랐다. 어떻게든 사실이 아니라고 말하고 싶었으나 입이 떨어지지 않았다. '교수님은 인턴 때 응급실 당직을 그렇게 하셨습니까?' 하고 소리치고 싶었지만 입속에서만 폭발하고 말았다.

"자네, 가만두지 않을 거야."

내 대답을 기다리지 않고 휙 지나가버렸다. 난 옆에 있던 의자에 털퍼덕 주저앉고 말았다.

전날 밤 응급실 당직을 했던 원무과 직원과 경비 아저씨 그리고 응급실 간호사가 한 사람씩 병원부장 방으로 불려갔다. 내가 당직 중에 환자를 안 보고 당직 중에 방에 올라가서 잔 사실이 있는지와 응급 환자를 안 보고 내쫓았는지 여부를 확인할 목적이었다. 아무도 그렇다는 대답을 하지 않았다. 게다가 응급실 간호사는 한술 더 떴다고 했다.

'병원부장님께서 응급실 인턴들이 얼마나 고생하고 있는지 한번 와서 보신 적이나 있습니까? 어떻게 남의 말만 믿고 자기 밑의 의사를 그렇게 나쁜 사람으로 몰아버리십니까?'

병원부장님은 끝까지 나를 부르지 않았고 그 일은 그렇게 일단락이 되었다.

그날 여의도 병원의 응급실에서, 나는 과거의 그 병원부장이었고, 인턴 선생은 과거의 나였다. 그 젊은 인턴과 과거 인턴 시절의 나는, '히포크라테스 선서'에 대해서 한 점 부끄러움이 없었다. 과거의 병원부장님도 환자를 먼저 생각하는 마음에 그렇게 하셨으리라.

역지사지!

그날 인턴과의 만남은 자만에 빠져 있던 나 자신을 다시 한번 돌아보는 계기를 만들어준 사건이었다.

가을 귀부인

내가 살던 아파트는 지은 지 30년이 넘었다. 아파트 단지 안에 은행나무 길이 있었다. 가을에 잎이 황금색으로 물들면 마치 불을 환하게 켜 놓은 것 같기도 했고 어떻게 보면 우아하게 차려입은 귀부인들이 줄지어 서 있는 것처럼 보였다. 길 양쪽의 은행나무 가지가 황금색 터널을 이루었고 땅에 떨어져 쌓인 은행잎 위를 걸으면 카펫을 깔아 놓은 궁전의 복도를 걷는 것 같았다.

마음이 우울할 때에도 그 위를 걸으면 행복해지곤 했다. 젊은 시절 나는, 그것 때문에도 가을을 기다렸다. 아파트 재건축을 위해 은행나무를 모두 베어 냈을 때는 마음 한구석이 허물어진 것 같았다. 가을을 떠나보내기 아쉬운 이유 한 가지를 더 보태고 말았다.

  20여 년 전 시골에 땅을 마련했을 때 가장 먼저 은행나무를 심었다. 어른 키를 넘는 크기였다. 그런데 열다섯 해가 지날 때까지 은행이 열리지 않았다. 아직 너무 어렸거나 아니면 모두 수나무라서 그러려니 했다. 내가 어릴 적, 할머니는 은행나무가 열매를 맺으려면 암나무와 수나무가 마주 보아야 한다고 말씀하셨다. 암나무는 꽃가루를 잘 받아들이기 위해 옆으로 팔을 벌리고 있고, 수나무는 하늘을 향해 두 팔을 들고 있어서, 생김새로 암수 구별이 가능하다고도 했다. 나에게는 나무 보는 눈이 없었는지 구별이 잘 안 되었다.

  팔 년 전 어느 겨울, 눈이 내린 다음 날, 오랜만에 시골로 갔다. 온 마당에 하얀 눈이 이불처럼 펼쳐져 있었다. 앙상한 가지만 남은 은행나무 밑에는 황갈색 열매가 눈 속에 박혀 보석처럼 빛나고 있었다. 시골집에서는 처음 보는 광경이었다. 서른 살이 넘어야 열매를 맺는다는 은행나무가 언제부터인지 모르지만 조용히 열매를 맺은 것이다. 그 뒤로는 매년 은행나무에 열매가 열렸다.

  올해 12월 초, 며칠간 집을 비웠다가 돌아오니 뒤뜰

은행나무 주위에는 이미 황금색 카펫이 깔려 있었다. 그 위 여기저기 은행 열매가 떨어져 있었다. 3년 전 가지치기를 하고 그 다음 해에는 별로 열리지 않더니 작년에는 엄청 알이 굵은 은행 열매가 드문드문 달렸다. 올해는 알도 굵고 수도 많이 열린 것이다.

은행나무 밑의 낙엽을 긁으며 보니 맨 위에는 황금색 은행잎이 보였다. 그 밑으로는 초록과 노란색 잎이 섞여 있고, 제일 밑에는 초록색 잎이 들어 있었다. 내가 자리를 비운 사이 떠나보낸 가을이 그 속에 아직도 켜켜이 남아 있었다.

은행나무에는 벌레가 끼지 않아 늘 건강하고 깨끗하다. 목재는 연해서 서각 작품에 많이 쓰이고 고급 가구의 재료로도 인기가 높다. 나는 은행잎을 모아 놓았다가 늦가을 마늘 심은 밭에 비닐을 덮기 전에 깔아준다. 겨우 내내 보온을 해주고 또 은행잎 속에 있는 '진코라이드'나 '플라보노이드' 같은 성분이 벌레를 쫓기 때문이다.

낙엽을 걷어내기 전에 은행 열매를 먼저 주웠다. 금세 양동이로 하나 가득 찼다. 껍질을 까야 하지만 만만치 않은 양이었다. 추운 겨울에 수돗가에 쭈그리고 앉아 껍질을 까는 것도 보통 일이 아니지만, 그 구린 냄새를 견디는 것도 이만저만 힘든 일이 아니다.

태초의 은행나무 열매에서는 지금처럼 냄새가 나지 않았을 것이다. 그렇게 자태가 우아한 은행나무를 창조하면서 누가 구린 냄새를 나게 만들었겠는가? 은행나무는 가을이면 화려한 황금색 잎으로 가지를 장식하다가 마침내 그 잎을 떨구어 우아한 황금 카펫을 깔고, 그 위에 종족을 번성시킬 귀한 열매를 살포시 내려놓았다. 그리고 열매 속에 단단한 속껍질을 갖추고 거기에 벌레에게 해로운 물질까지 만들어 넣어 벌레가 씨를 못 먹게 하는 것도 잊지 않았다.

하지만 인간이 은행 열매를 먹어 치우는 바람에 종족 보존이 위협을 받게 되었다. 열매에 들어 있는 독도 소용이 없었다. 하는 수 없이 열매 과육에 구린 냄새를 첨가해서 인간이 고개를 돌리며 도망치게 만들었다. 결국 우아한 가을의 귀부인 은행나무는 그 귀한 열매에서 불쾌한 냄새를 피운다는 오명과 멸시를 감수하기로 한 것이다. 내 상상처럼 은행나무의 이런 결단이 어느 정도 성공을 거둔 것 아닐까?

고무장갑을 끼고 냄새나는 과육을 까도 어쩌다 보면 손에 냄새가 묻어 상당 시간 남을 수밖에 없었다. 아내는 처음부터 고개를 절레절레 흔들며 집 안으로 사라졌다. 다행히 내가 냄새를 잘 못 맡는 덕택에 별 불편 없이 껍질을 깠다. 과육을 손으로 터트려 떼어내고 몇 번이고 물로 씻어 단단한 속껍질에 묻어 있는 것까지 제거했다. 매일 조금씩 껍질을 까니 한 양동이를 까는 데 일주일쯤 걸렸다.

은행알은 망치로 속껍질을 까서 구울 수도 있다. 하지만 나에겐 나름 비법이 있다. 마른 은행알을 우유팩에 넣어 전자레인지에서 1분 정도 가열한다. '퍽퍽' 터지는 소리가 거슬리긴 하지만, 튀는 은행알을 종이 팩이 막아주는 덕분에 아무 일도 생기지 않는다. 딱딱한 속껍질이 깨지고 나면 그 안에 셀로판지 같은 연한 밤색 섬유질이 초록색 은행알을 싸고 있다. 그것까지 벗기면 김이 모락모락 나는 은행 열매가 나온다. 쫄깃쫄깃하면서 약간 떫은맛과 고소한 맛 그리고 아련한 단맛까지 혀 위에서 어우러진다.

가을이면 은행알을 비닐봉지에 나누어 담아 친구들에

게 선물하는 아내의 표정은 유난히 행복해 보인다. 바쁜 생활 속에서 깜빡 잊고 떠나보냈던 아름다운 계절 가을과, 황금색 옷을 입고 우아한 자태를 보이며 서 있던 귀부인에 대한 즐거운 추억을 자신이 좋아하는 친구들과 나누기 때문일 것이다.

소나무 가지치기

 우리 집에는 소나무가 몇 그루 있다. 그중 제일 큰 나무는 몸이 왼쪽으로 약간 기울었는데 양쪽 옆으로 가지를 곧게 뻗고 있다. 마치 체격이 건장한 젊은이가 양팔을 벌리고 멋진 포즈로 서 있는 것 같다. 제일 높은 가지는 3미터를 넘게 솟아올라 있다. 무더운 여름에도 나무 밑에 서 있으면 금세 땀이 식는다.

 20여 년 전 식목일에 매부가 방문 기념으로 묘목을 심어주었다. 나를 친동생처럼 꾸짖기도 하고 또 돌보기도 하는 매부가 나에게 푸르른 기개를 잃지 말고 살라는 무언의 당부를 했던 것일까?

 내 키보다 작았던 나무였는데 20여 년 동안에 그만큼

자랐다. 그 세월이 지나도록 소나무는 별 관심을 끌지 못한 채 마당 한구석에 서 있었다. 밭에서 일할 때 옷을 걸쳐두거나 호미를 잠시 걸어 놓는 장소를 제공하는 것이 고작이었다. 나무가 크면서 그늘이 지고 지나갈 때 가지가 걸려서, 밑에 있는 가지를 몇 번 잘라낸 적은 있었다.

4년 전, 정원을 꾸밀 때 조경하는 분이 소나무를 보고 칭찬을 했다.

"저 소나무 참 멋있네요. 지금 그냥 팔아도 오백은 받구요, 가지치기를 잘 하면 이천만 원짜리는 됩니다."

사실 여태까지 한 번도 그 소나무가 잘생겼다고 생각해본 적이 없었다. 제 자식 잘생겼다는데 싫어할 부모 없듯이, 자기 집 나무가 멋있다는데 싫어할 사람도 없다. 그러나 소나무 가지를 쳐주어야 한다는 사실을 나는 몰랐다. 심어만 놓으면 저절로 자라는 것이려니 했다.

소나무 가지치기 전문가를 소개받았다. 나무 값이 꽤 나갈 거라는 소리가 듣기 싫지는 않았지만 비싼 값에라도 팔 생각은 없었다. 멋있어 보인다니 잘 가꿔야 되겠다는 생각이 든 것이다. 삼십만 원 조금 못 되는 가격에 계약을 했다. 나무 한 그루 가지치는 비용치고는 꽤나 비싼 값이었다. 50대 초반으로 보이는 전문 기사였는데 가지를 자르는 데 반나절이나 걸렸다. 덤으로 조그만 반송의 가지도 같이 쳐주었다. 역시 전문가는 전문가였다. 소나무는 요즈음 인기 많은 아이돌같이 변했다. 집에 온 손님들이 칭찬을 하면 괜히 어깨가 으쓱해지곤 했다.

가지를 단정하게 자른 소나무를 보면 어린 시절 아버지가 생각났다. 아버지는 서양 영화의 주인공 같았다. 일요일이면 목욕과 이발을 하고 '포마드'라고 부르는 머릿기름을 바르셨다. 출근할 때는 나비넥타이를 즐겨 매셨다. 아버지에게 안기면 늘 몸에서 낯선 냄새가 났다. 난 그것을 서양 사람 냄새라고 생각했다. 지금도 머릿기름 냄새를 맡으면 아버지가 생각난다.

소나무는 건강하게 잘 자랐고 나는 속으로 흐뭇해했다. 그런데 봄이면 송홧가루가 많이 날려 여간 귀찮은 것이 아니었다. 거실 마루하며, 마당의 벤치 위, 그리고 주차장에 있는 자동차 위 어디건 노란 가루가 먼지처럼 쌓여 그것을 닦아내는 것이 큰일이었다. 또 몇 년이 지나는 동안 가지가 겹쳐진 곳에는 누런 솔잎이 쌓여 소나무는 더벅머리 청년으로 변해갔다. 그래도 비싼 이발을 또 해줘야겠다는 생각이 선뜻 들지는 않았다.

그 해 가을 내내, 소나무 가지를 직접 잘라봐야 하겠다는 생각에 사로잡혀 있었다. 선뜻 자신이 생기지 않았다. 몇 년 시골 생활을 하면서 웬만한 일은 겁내지 않는 나에게도 엄두가 나지 않는 일이었다. 소나무가 나를 비웃고 있는 것 같았다.

'흥, 서울서만 살던 책상물림이 내 가지를 감히 어떻게 자르겠어?'

그러던 어느 날, 앞집 주인이 직접 가지치기를 했다는 소리를 들었다. 나도 도전해 보겠다고 결심했다. 먼저 미국에 사는 작은형에게 전화하여 도움을 청했다. 농대를 졸업해서 그런 일을 잘 알기 때문이었다. 길을 지나가다가도 소나무가 보이면 차를 세우고 가지치기 상태를 눈여겨보기도 했다. 유튜브에서 '소나무 가지치기 동영상'도 발견했다. 천군만마를 얻은 듯했다.

여러 정보를 종합한 '가지치기 원칙'은 이랬다. 먼저 멀리서 나무를 보고 전체적인 모양이 어쩌면 좋을지를 결정한다. 그 다음에 원하는 모양에서 벗어나는 가지와

밖에서 중심 쪽으로 향하는 가지를 찾아 잘라낸다. 또 두 개의 가지가 가까운 위치에서 같은 방향으로 뻗었을 때는, 그중 한쪽을 잘라낸다 등이었다.

드디어 날을 잡았다. 먼저 소나무 밑으로 들어가 위를 쳐다보았다. 전체적인 모양을 보고 잘라내고 싶은 가지가 어떤 것인지를 결정했다. 그다음 사다리를 타고 나무 위로 올라갔다. 자르기로 결정한 가지를 톱으로 잘랐다. 또 나무의 중심으로 향해 난 가지들을 다 잘라내니 나무 속에 시원한 공간이 생겼다. 굵은 가지에 난 작은 가지들은 가급적 제거했다. 두 개의 가지가 겹쳐 있어 솔잎 색이 노랗게 변한 곳은 한 가지를 잘랐다. 큰 가지의 끝에 보면 조그만 가지가 다섯 개쯤 손가락처럼 뻗어 있었다. 전체적인 모양으로 보아 그중에서 덜 자라면 좋을 가지를 잘라냈다. 마지막으로 올해 새로 자란 큰 가지 끝의 여린 가지들을 짧게 다듬었다.

높은 곳에 있는 가지를 자를 때는, 나무 위에 올라가거나 아니면 높은 사다리를 타고 올라갔다. 꼭대기 가지를 자를 때는 장대 끝에 달려 있는 전지가위를 사용하기도 했다. 때로는 손이 잘 닿지 않는 가지를 자르려고 팔을 뻗치다가 균형을 잃을 뻔했던 적도 몇 번 있었다. 등골이 서늘한 순간이었다. 다 끝났다고 생각하고 먼 곳에서 바라보면 잘라야 할 곳이 남아 있어 다시 나무에 올라가기를 몇 번이나 반복했다. 소나무 가지치기를 만족스럽게 마치는 데에 사흘이 걸렸다. 처음 해본 것치고는 모양이 그럴 듯했다.

잘라낸 나뭇가지를 버리느라고 손수레로 여섯 번이 넘게 실어 냈다. 그동안 유유히 서 있는 모습이 멋있다는 생각만 했는데 그렇게 무거운 짐을 지고 있는 줄은 몰랐다. 소나무는 그 짐을 지고도 그동안 불평 한 마디 없었다. 또 잘라낸 나뭇가지는 내가 보기에 필요 없는 것이었지만 나무로서는 열심히 키운 귀중한 팔다리인 것이었다.

내년에도 소나무 가지치기를 직접 할 것인가에 대해 생각해보았다. 시간이 갈수록 나무는 점점 더 자라서 높아지고, 나는 나이가 들어 높은 데서 일하기가 더 힘들어질 것이 분명했다. 소나무를 직접 자르면 비용도 절약하고 성취감도 얻겠지만 만에 하나 나무에서 떨어져 다치기라도 한다면 남아 있는 삶이 돌이킬 수 없는 불행한 삶이 될 수도 있는 일이었다. 전문가가 달리 전문가인가.

또 애써 길러낸 소나무 가지도 과감하게 쳐내야 모양도 살고 다른 가지가 건강하게 큰다. 나의 삶에서도 때로는 하지 말아야 하고 버려야 할 것이 있을 것이다. 묵묵히 서 있는 소나무의 가지를 자르는 동안 나는 작은 깨달음을 얻었다. 그동안 많이 버렸다고 생각했는데, 아직도 많은 집착이 내게 남아 있었던 것 같다.

살구 잼 만들기

 몇 년 전, 우리 집 살구나무 두 그루에 살구가 무척 많이 열렸다. 처음엔 그 나무가 살구나무인 것도, 또 그렇게 많이 열린 열매가 살구인 것도 몰랐다. 어느 날 아침, 밖에 나가니 사람들이 그 나무 아래에서 무엇인가를 하고 있었다. 내가 다가가니 몇 사람은 차를 타고 황급히 떠났다.

 남아 있던 사람이 나에게 사과했다. 지나가다 보니 탐스러운 살구가 많이 떨어져 있어 주인 허락도 없이 그것을 주웠노라고 했다. 괜찮으니 마음껏 주워가시라고 했다. 사실 처음 만난 살구가 너무 많아서 나 혼자 다 먹을 수도 없는 노릇이었다.

그 뒤로 틈이 날 때마다 나도 살구를 주웠다. 문제는 잘 익은 살구가 땅에 떨어지면 껍질이 터지고 흙이 묻는 것이었다. 맛을 보니 약간 시큼하면서도 물이 많고 시원했다. 주워온 살구의 과육을 잘 발라냈다. 며칠 동안 모으니 꽤 많았다. 무얼 하면 좋을까 생각하다가 잼을 만들어 보기로 했다.

나의 어린 시절, 어머니는 흔한 계절 과일로 잼을 잘 만드셨다. 봄에는 딸기, 가을에는 포도나 사과를 재료로 사용했고 또 오렌지 껍질을 잘 씻어 마멀레이드도 만들었다. 그 덕에 우리 집에는 잼이 있을 때가 많았다. 어머니는 잼을 만들 때는 늘 막내인 나를 불러 도움을 청하셨다. 내가 제일 만만했던 것 같다.

잼을 만들기 전에 먼저 잼 넣을 병들을 냄비에 넣고 삶았다. 그렇게 해야 잼에 곰팡이가 슬지 않는다고 하셨다. 펄펄 끓는 물에서 병을 건져내어 빨아 놓았던 하얀 수건 위에 뒤집어 놓고 말리셨다. 식탁 위에 하얀 수건을 펼 때는 성당에서 미사 중에 신부님이 제대에 하얀 보자기를 펴는 모습과 흡사했다. 그때 어머니 표정은 근엄해 보였다.

그 다음 냄비 속의 과일에 같은 양의 설탕을 넣은 후 먼저 센 불로 끓였다. 나는 그것이 타지 않도록 나무 주걱으로 저어야 했다. 언제 끝날지 모르는 지루한 작업을 끝없이 반복했다. 불 위에서 하는 작업은 덥기도 했고 지루했다. 어린 나에게는 견디기 힘들었다. 잼이 끓으면 가끔 손에 튀어 뜨겁기도 했고 옷에 묻으면 잘 지워지지 않았다. 그래도 그 힘든 일을 피하지 않았던 것은 어머니를 독차지해서 대화하는 시간을 가질 수 있기 때문이었다. 어머니의 화제는 동서양의 고전에서 가족의 옛날 이야기까지 거침이 없었다. 무슨 일이든 질문하면 차분하게 설명해주셨다. 또 유머를 좋아하셨던 어머니는 우스갯소리를 잘 하셨다. 어머니가 들려주셨던 몇 가지 이야기를 지금도 기억한다.

 아파트가 유행하기 전에는 대부분 단독주택에 살았고 집마다 대문에 문패를 달았다. 한국에 와서 살던 미국인이 어느 집을 방문했는데 그 집 대문 옆에 '개조심'이라고 나무에 페인트로 써서 붙여 놓은 것을 문패로 착각했다. 문을 두드리고는 '여기가 개조심 선생님 댁입니까?' 하고 물었다는 이야기였다. 또 다른 이야기는 이랬다. 옛

날에는 민며느리 제도가 있었다. 나이 어린 신랑이 연상의 처녀와 결혼하는 일이 흔했다. 꼬마 신랑은 늘 연상의 색시에게 어리광을 부렸고 둘만 있을 때는 꼬마 신랑이 말을 안 듣거나 말썽을 피우면 부인이 혼을 내기도 했단다. 어느 날 시부모가 출타하신 틈을 타서 말썽을 피우던 꼬마 신랑을 박이 열려 있는 초가지붕 위로 집어 던졌다. 그런데 그때 운 나쁘게 시부모가 예정보다 일찍 귀가한 것이다. 꼬마 신랑이 지붕 위에 있는 것을 보고 그 이유를 따져 물었다. 꼬마 신랑은 어린 나이임에도 분위기를 파악하고는 연상의 색시를 곤란에서 구하기 위해 기지를 발휘해 대답했다.

"큰 박을 딸깝쇼? 아니면 작은 박을 딸깝쇼?"

어머니는 서울 토박이셨는데 '딸깝쇼'는 '딸까요'의 서울 사투리였던 것 같다.

잼이 끓어서 뜨거운 것이 튀면 그때가 불을 줄일 때였다. 가장 약한 불로 줄이고 계속 저었다. 언제 멈추는지는 어머니가 결정하셨다. 언제 끝이 날지를 모른 채 무한정 잼을 젓는 것은 어린 나에게는 힘든 일이었다. 너무 빨리 멈추면 잼이 묽었고, 너무 늦게 멈추면 잼이 딱딱해져서 먹기가 힘들었다. 어떤 때는 다 되었다고 병에 담아 놓았던 잼이 너무 굳어서 다시 끓이기도 했다. 그때는 병 소독도 다시 해야 했다.

내가 만든 살구 잼을 지인들에게 선물하기로 했다. 마트에서 작은 병을 사다가 끓는 물로 소독해서 하얀 수건 위에서 말렸다. 어머니가 생각났다. 다행히 잼이 적절한 농도로 잘 된 것 같았다.

어머니는 나에게 잼 만드는 방법을 남겨주셨다. 그래서 나는 가끔 잼을 만든다. 특히 봄에는 오디로 만드는 잼이 참 맛있다. 오디는 살구가 익기 전에 열리는데 시골에는 뽕나무가 여기저기 많아서 오디를 구하기가 쉽다. 사과나 포도가 많이 생기면 그것으로도 잼을 만든다. 잼을 만드는 시간은 내 어린 시절로 돌아가 젊었던 어머니를 다시 만나는 시간이며 어머니와의 대화를 추억하는 시간이다. 그만큼 내 인생의 즐거웠던 한때를 다시 떠올리는 귀한 시간이다. 어머니가 그리울 때 가끔 나는 잼을 만들 것이다.

4. 망각

탈춤을 추다
행복 방정식
햇병아리 의사의 왕진
망각
벽난로 불 피우기
산에 가는 즐거움
한 번쯤은 전화를 받으실까?
벌레와 함께 살기

탈춤을 추다

1996년 6월. 의과대학 부교수로 한창 바쁘게 일하던 시절이었다. 그때는 한국의 호스피스가 지금같이 활발하지 않았다. 나는 싱가포르에서 열린 국제호스피스학술대회에서 한국 현황에 대해 발표했다. 그날 저녁 미국 호스피스협회의 회장으로부터 만나자는 연락이 왔다. 석 달 뒤 미국 미시간주 앤아버시에서 개최될 예정인 국제호스피스학회 창립총회에 대한 이야기를 하자는 것이었다. 나는 '한국 호스피스 현황'에 대한 발표를 요청받을 것으로 기대했다. 그런데 뜻밖의 부탁을 받았다.

"창립총회에서 한국의 전통문화를 소개해줄 수 있습니까?"

앤아버시에는 미국으로 이민 간 누나가 이십 년 넘게 살고 있었다. 미시간대학이 있는 도시여서 한국 교포와 유학생이 많았다. 고전무용이나 전통악기 연주를 할 수 있는 사람 하나쯤 찾는 일은 어렵지 않을 것 같았다. 누나에게 전화를 걸었다.

"교민 중에는 그럴 사람이 없고 그때가 방학 기간이라 학생들도 남아 있지 않을 텐데…. 빨리 전화해서 못하겠다고 말하는 게 낫겠다."

동냥은 못 줄망정 쪽박마저 깨는 격이었다. 처녀 시절 가야금 연주를 배운 누나가 직접 해줄 수 없느냐고 물었지만 가야금 만지지 않은 지가 20년은 넘었다며 펄쩍 뛰었다.

철석같이 믿고 있던 누나에게서 단번에 거절을 당하고 나니 난감했다. 생각 없이 미국 회장에게 쉽게 대답한 것이 후회되었지만 못하겠다고 하기는 정말 싫었다. 더구나 국제적 약속 아닌가. 슬며시 오기가 솟아올랐다.

'내가 직접 해보면 어떨까?'

한국무용을 전공한 친구 부인에게 전화했다. 내가 석 달 안에 배워서 출 수 있는 전통 춤이 있는지 알아봐 달라고 부탁했다. 며칠 뒤 답이 왔다. 두 가지가 있다는 것이었다. 궁중무와 탈춤이었다. 궁중무는 춤 자체보다 의상의 아름다움으로 가치가 높고 인기가 많다고 했다. 심지어는 공연 후에 그곳 박물관에 전통 의상을 기증하고 올 정도라는 것이었다. 나는 춤이 역동적이고 음악이 흥겨운 탈춤을 배우기로 결정했다.

강령탈춤의 전수 강사를 소개받았다. 강령탈춤과 봉산탈춤은 모두 황해도에서 유래된 것인데 봉산탈춤이 더 알려졌다. 사실 강령탈춤은 소매에 달려 있는 한삼이 봉산탈춤보다 더 길어서 춤사위가 훨씬 우아하다. 봉산의 탈이 귀신 모습인 데 비해 강령의 탈은 사람 모습에 가깝다. 탈춤에 나오는 손과 발의 동작 하나하나가 지배계급인 양반과 파계승을 풍자하는 내용인 것은 양쪽이 동일하다고 했다.

강령탈춤에서 혼자 출 수 있는 등장인물은 목중과 말뚝이 두 가지였다. 목중은 스님으로 의상이 회색 가사 장삼이어서 눈에 두드러지지 않는다. 말뚝이는 패랭이를 쓰고 색동저고리를 입어 조명을 받으면 화려하게 보인다. 나는 말뚝이를 택하기로 했다. 처음 배우는 춤인 데다가 몸치에 가까워 열심히는 했어도 완성도는 높지 않았다. 그래도 2개월이 지나니 그럭저럭 춤의 순서는 다 외울 수 있었다. 7분 정도 계속 춤추며 뛰어야 해서 체력이 많이 필요했다. 폐활량을 늘이기 위해 시간 날 때마다 달리기를 계속했다.

그해 9월, 학회 참석차 앤아버시로 날아갔다. 공연을 위한 탈과 의상이 가방 하나를 가득 채웠다. 학회의 공식 환영 만찬 시간에 공연하게 되어 있었다. 다른 나라는 모두 전통 공연 전공자를 초빙했고 학회 참가자인 의사가 직접 하는 경우는 내가 유일했다.

다양한 등장인물의 미니어처 탈을 30개쯤 가져가서 조직위원회에 기증했다. 종이 상자를 만들어 그 안에 색한지로 탈을 싸서 넣었고 쪽지에 쓴 설명서를 상자에 넣은 다음 다시 색한지로 포장한 것이었다.

만찬 시간. 테이블마다 하나씩 놓고 경품을 뽑아 당첨된 사람에게 선물로 주었다. 사람들은 상자의 포장을 풀어 미니어처 탈을 구경하며 신기해하고 있었다. 갑자기 전깃불이 다 꺼졌다. 모두 무슨 일인가 의아해하고 있었다. 적막이 흐르는 가운데 무대 중앙에 핀 조명이 하나

켜졌다. 잠시 후 커튼 뒤에서 한 사내가 허우적허우적 걸어 나왔다. 머리에는 패랭이를 얹었고 얼굴에는 우락부락한 돌기가 돋은 탈을 쓰고 있었다. 몸에 꼭 맞는 색동저고리와 바지, 그리고 짚신이 눈에 도드라졌다. 말뚝이였다. 오른손에는 채찍을 든 채 한삼을 흔들고 있었다.

말뚝이가 무대의 중앙에 서자 한순간 정적이 흘렀다. 이윽고 아쟁과 나발 소리로 어우러진 느린 음악이 끊일 듯 끊일 듯 들려오기 시작했다. 말뚝이가 채찍을 든 손으로 천천히 한삼을 날리며 한쪽 다리로 펄쩍 뛰어 공중을 걷어찼다. 탈춤이 시작된 것이다. 긴 한삼이 허공을 휘감았다. 장구의 박자가 점점 빨라졌다. 말뚝이의 춤도 점차 격렬해졌다. 숨이 턱 끝까지 차올라 도저히 춤을 더 출 수 없다고 생각했을 때 말뚝이는 두 손을 모으며 동작을 마쳤다. 그리고 마지막 호흡을 거칠게 토해냈다.

만찬장에 불이 켜졌다. 참석자들이 모두 일어나 환호를 하며 박수를 쳤다. 기대하지 않았던 열광적 반응이었다. 사실 말뚝이 춤을 그런대로 소화했지만 춤사위는 엉성할 수밖에 없었다. 탈춤의 장단이 그들의 흥을 돋우었을까? 나는 말뚝이 탈을 벗어 머리에 얹고 거친 숨을 고르며 마이크를 잡았다. 삼한시대로부터 전해졌다는 한국 탈춤의 유래에 대해 영어로 설명했다. 다들 몸을 앞으로 기울이고 경청했다.

나중에 미국학회의 이사들이 내게 와서 국제학회 창립이사진에 참여할 것을 요청했다. 나는 탈춤 덕에 최연소 창립이사가 되었다.

'우리 고유의 것이 세계적인 것이다.'

그 말을 실감했다. 그리고 다음 해에는 영국 런던의 왕립 의사회관에서 제2차 총회가 열렸는데 탈춤을 다시 추어달라는 초청을 받았다.

그날 만찬장에는 누나 부부와 조카가 참석했다. 누나는 아들 하나와 딸 하나를 두고 있다. 그 당시 조카는 대학에 갈 나이였는데 자기 정체성에 대한 고민을 심하게 하고 있었다. 미국에서 동양인 이민 2세들이 흔히 겪는 문제였다. 외모가 백인과 다르며 가족의 문화가 그들의 것과 다르다는 사실을 받아들이기 힘들어했다. 조카는 그날 나의 탈춤 공연을 보고 한국 문화에 대한 자긍심을 느꼈으며 정체성 혼란에서 벗어날 수 있었다고 고

백했다. 나중에 미국과 동양을 연결하는 사업을 해보고 싶다고도 했다. 조카는 지금 인터넷 사업을 성공적으로 하고 있다.

나 역시 그 경험을 통해 우리 문화의 독창성에 대해 사랑하게 되었다. 탈춤은 하늘에 제사 지내는 의식으로 시작되어 조선시대에는 서민들의 애환 깊은 삶의 모습을 진솔하게 녹여낸 해학적인 예술로 변화되었다. 서투른 동작이었지만 탈춤을 춘 뒤부터 왠지 나는 서양인들을 대할 때 당당하게 설 수 있게 되었다. 나 스스로 우리 문화의 가치를 깨닫고 자랑스러워하게 된 것은 탈춤이 전해준 귀한 선물이었다.

행복 방정식

나이를 먹으면 쉽게 삐친다고들 한다. 조그마한 일에도 쉽게 섭섭해한다는 이야기다. 나하고는 아무 상관없는 이야기였다. '나이를 먹었으면 먹었지 삐치긴 왜 삐치겠어.' 하고 생각했다.

그런데 언제부턴가 나도 별것 아닌 이유로 섭섭해하고 쉽게 화를 냈다. 회사에 다니는 딸이 아침에 급히 나가면서 인사를 안 해도 섭섭했고, 배고픈데 아내가 빨리 밥 먹자는 소리를 안 한다고 부아가 났다. 그럴 때면 굳어진 표정으로 TV만 바라보기 일쑤였다. 눈치 빠른 아내가 무슨 일이 있느냐고 물어도 대답을 안 하곤 했다. 가족들과는 섭섭함을 풀 기회가 쉽게 있었으나, 문제는 직장에서 생겼다.

어느 날 아침, 병동으로 회진을 가려는데 갑자기 가기가 싫어졌다. 심지어 병동에 가서 사람들을 만나는 것이 무섭기까지 했다. 평생, 아무리 나쁜 일이 있어도 환자 앞에만 서면 마음이 포근해지고 기분이 맑아지던 나로서는 상상할 수 없는 일이었다.

생각해보니, 전날 저녁 회진 때 환자와 가족들이 온통 일그러진 표정으로 불평만 늘어놓았고, 내게 고맙다고 인사하는 사람이 한 명도 없었던 것이다. 자기들 병을 잘 고쳐주지 않는다고 원망하는 것 같았다. 병실 주치의를 맡고 있던 전공의도 그랬다. 많이 힘들어하는 환자의 치료를 위해 여러 가지 지시를 했는데, 흔쾌히 대답하지 않고 얼굴을 찌푸리고 있었던 것으로 보아 나한테 불만이 있었던 것이 분명했다. 그러고 보니 그 전부터 내 지시를 잘 따르지 않는 것 같았다. 간호사들도 마찬가지였다. 전에는 내가 회진을 하면 우르르 몰려와서 내 말을 경청했는데 그때는 잘 따라오지도 않았다.

그런 문제는 화를 내거나 야단친다고 해결될 수 있는 것이 아니었다. 그러면 아무도 진심으로 동의해주지 않을 것이었다. 내가 그들의 찬사와 존경을 받고 싶어 할 때, 그들도 나에게 고충을 털어놓고 위로의 말을 기대하거나, 인정받고 싶어 했는지도 모르는 일이었다.

'다른 사람들이 너에게 해주기 원하는 대로 남에게 해주어라.'는 성경 말씀이 떠올랐다. 겨우 마음을 다잡고 회진을 갔다. 병동으로 나가는 복도에서 미화부 아저씨를 만났다. 매일 아침 복도와 엘리베이터 내부까지 청소를 하시는 분이었다.

"안녕하세요? 일찍부터 수고가 많으시네요. 늘 감사합니다."

처음에는 무표정한 얼굴로 바라보더니 이내 반갑게 인사를 받았다.

다음에는 환자 식사를 나르는 식당 아주머니를 만났다. 매일 아침 같은 시간에 다른 건물의 주방에서 병동으로 식사를 나르는 분이었다.

"안녕하세요? 수고하시네요."

아주머니는 시큰둥하게 답례를 하고 지나갔다.

'계속 인사를 하다 보면 나아지겠지.'

엘리베이터 앞에서 다른 과의 전공의들을 만났다. 학

생 시절 내 강의를 들었던 친구들이리라. 고개 인사를 하고 슬금슬금 뒤로 가는 그들에게 말을 걸었다.

"일찍 병동에 가네. 환자가 많구나? 힘들지 않아?"

모두 표정이 밝아지면서 고개를 끄덕였다.

병실에 도착했다. 밤에 일이 많았는지 남자 전공의 선생이 충혈된 눈과 비듬이 범벅되고 기름에 전 머리에, 때가 끼고 구겨진 가운을 입고 나타났다. 칭찬할 만한 것이 없을까 찾았다. 와이셔츠와 넥타이 색깔이 잘 어울리는 것이 눈에 띄었다.

"밤에 좀 잤어? 일이 많았구나…. 그런데 그 넥타이는 누가 골랐어?"

"제, 제, 제가 골랐습니다."

야단치는 줄 알았던지 말을 더듬다가, 얼굴을 풀며 대답했다.

"와~ 박 선생, 이제 보니 색깔 감각이 뛰어나네. 정말 와이셔츠와 넥타이가 잘 어울려. 난 전문 코디네이터가 골라준 줄 알았어."

여자 전공의에게도 전날 집담회에서의 발표 내용에 대해 말을 건넸다.

"김 선생, 어제 강의 잘 들었어. 김 선생은 발표하는 데 특별한 재능이 있는 것 같아. 교수가 되면 정말 잘하겠어."

간호사들에게도 눈에 띄는 헤어스타일이나 화장법에 대해서 칭찬을 했다. 그들의 노고에 진심으로 감사하는 것도 잊지 않았다. 회진 도는 내내 전공의들의 발걸음이 가벼워 보였다. 그날 내 발걸음도 무도회에 간 것처럼 춤을 추었다.

그런 뒤로는 사람을 만나는 것이 즐거워졌다. 복도를 걸어가는 시간도 의미 있게 활용했다. 처음에는 애써 칭찬거리를 찾았으나 나중에는 다른 사람의 장점이 쉽게 눈에 띄었다. 거의 모든 마주치는 사람과 인사를 주고받았다. 아는 사람을 만나면 내가 먼저 아는 체를 했다. 주로 눈에 띄는 장점을 찾아 칭찬해주었다. 아니면 상대방이 지금 힘들어하고 있을 문제에 대해서 관심을 표하고 위로를 건넸다. 야간 근무를 하고 퇴근하는 간호사들에게는 얼마나 힘들었냐고 묻고 수술을 많이 하는 후배 교수에게는 건강에 유의하라고 격려했다. 한마디 진심 어린 말에도 그들의 피곤한 얼굴이 환히 밝아졌고 대부분

기쁘게 말을 받았다. 그것이 나에게 몇 배 더 큰 기쁨과 행복으로 돌아왔고 남이 나를 알아주고 대접하지 않는다고 해서 섭섭해하는 마음이 차지할 자리는 없었다.

그래도 간간이 삐치는 마음이 들지 않는 것은 아니지만, 상대의 장점을 찾아 칭찬하다 보면 언제 그랬느냐 싶게 내 마음이 몇 배 더 기뻐지곤 했다.

바로 그것이 내가 터득한 나만의 행복 방정식이었다.

햇병아리 의사의 왕진

의과대학 졸업 후 군대에 갔다. 육군 중위로 임관 후 공중보건의사가 되어, 경기도 양평의 한 보건지소에서 근무를 시작했다. 수련 기간 중 6개월씩 파견되는 전공의가 간간이 파견되던 때를 제외하고는 의사가 전혀 없던 곳이었다.

햇병아리 의사였지만 보건지소를 밤낮으로 지키니 환자가 점차 늘었다. 청진기만 가지고 진료할 수 있는 병은 모두 다 나의 진료 대상이었다. 간단한 감기나 소화 불량에서부터 복통, 관절통 등 거의 대부분의 환자를 진단하고 치료했다. 참 용감했다. 그러나 이비인후과, 안과처럼 진단을 위해 특수 기구가 필요한 병이나 중증 질환

또는 수술을 요하는 병이 의심되는 경우는 대도시의 큰 병원으로 가시도록 권유했다. 안타깝게도 치료비가 없어 큰 병원에 가지 못하는 환자가 많았다. 가끔 아기를 받으러 왕진을 가는 것이 나로서는 힘든 일이긴 했으나 의사가 된 보람을 흠뻑 느끼는 경험이기도 했다.

어느 가을날 오후, 잠시 환자가 뜸해서 의자에 앉아 졸고 있는 차에 전화가 울렸다. 멀지 않은 동네에서 할아버지가 편찮으시니 왕진을 와주면 좋겠다는 내용이었다.

'이번에는 또 무슨 환자일까?'

가슴 졸이며 서둘러 왕진 가방을 챙겼다.

오토바이로 달려가 안내된 곳은 그 집 안방이었다. 가구를 다 치우고 아랫목에 병풍을 쳐 놓은 채 할아버지 한 분이 요 위에 누워 계셨고 주변에 사람들이 둘러앉아 있었다. 임종을 맞이할 준비를 끝낸 것으로 보였다. 기대하던 것과는 상황이 사뭇 달랐다. 할아버지는 깡마른 몸에 의식이 없었고 얕게 숨을 쉬고 계셨다. 청진기를 대니 심장 뛰는 소리가 약하게 들렸다. 노환으로 보였고 누가 봐도 머지않아 돌아가실 분 같아 보였다.

그런데 가족들의 요구는 치료가 아니라, 돌아가실 시

간을 예측해 달라는 것이었다. 타지에서 직장 생활을 하는 자녀들이 언제 오면 좋을지 알기 위해서라고 했다. 그때는 교통이 나빠 다른 도시에 사는 자녀들이 다녀가는 것이 요새 미국에서 다녀가는 것만큼이나 힘들게 느껴졌던 시절이다. 얼마 전 한 번 다녀갔으니 임종 시기에 맞추어 다시 오도록 하고 싶다는 것이었다.

'도대체 이 할아버지가 언제 돌아가실지 내가 어떻게 알 수 있담?'

병의 치료만이 의사의 소명이라고 믿고 있던 햇병아리 의사는 정확한 임종 시간을 알려달라는 요구에 곤혹스러워 혼잣말로 툴툴거렸다. 하지만 자존심이 발동하여, 모르겠단 말을 못했다. 할아버지 병석을 외로이 지키면서 몇 번이고 되풀이해서 혈압만 재고 있었다.

그때 갑자기 할머니 한 분이 방으로 들어왔다. 옆집 사시는 분인데 할아버지와는 인척간이라고 했다. 서울의 아들 집에 갔다가 할아버지가 위독하시다는 말씀을 듣고 서둘러 달려오는 길이었다. 할머니는 할아버지 허리 밑에 손을 넣더니 망설이지 않고 단호하게 말했다.

"어이구, 오늘 밤 넘기기 어렵겠구먼."

의과대학 수업 시간에 임종의 증후에 대해서 배운 기억이 났다. 신체의 말초가 차지고 푸른색으로 변한다든지, 의식이 흐려지고 혈압이 안 잡히는 경우, 보조 호흡 근육이 수축하는 경우, 체인 스톡 호흡(전형적인 임종 직전의 호흡 방법)을 하는 경우에는 몇 시간 지나지 않아 임종할 가능성이 높다고 했다.

나는 할아버지가 임종하실 것이라고 생각은 했으나 임종 시간까지 예측할 방법은 없었다. 그런데 할머니는 그 날을 넘기기 어렵다는 것이었다. 할머니 손을 꽉 잡았다. 어떻게 그리도 쉽게 판단하시는지 물었다. 대답은 의외로 간단했다. 허리 밑에 손을 넣어 손이 잘 들어가지 않으면 대개 하루를 못 넘기고 돌아가신다는 것이었다.

돌이켜 생각하면 이런 설명이 가능하다. 의식이 맑을 때 우리 몸의 모든 근육은 뇌의 지시를 받아 이완 또는 수축을 하면서 자세를 취하게 된다. 정상적으로 사람의 허리는 앞쪽으로 활 모양으로 휘어 있어서 누우면 허리 밑으로 공간이 생기게 되어 있다. 임종 직전에는 뇌의 기능이 떨어져 허리 근육들이 이완되고, 정상적일 때 앞으로 휘었던 허리가 곧아져 허리 밑의 공간이 없어지게 된다.

햇병아리 의사의 왕진은 그렇게 어이없이 끝이 났다. 다만 시골 할머니의 삶에서 얻어진 지혜도 배우면 도움이 된다는 것을 알게 된 귀중한 경험이었다. 나는 의사 생활 내내 그때 배운 것을 아주 쓸모 있게 사용하고 있다.

병원에서 회진을 하다가 의식이 없어진 말기 환자의 허리 밑에 손을 넣어보곤 한다. 손이 들어가지 않으면 가족을 호출하여 하루 이내에 임종할 가능성이 높다고 설명한다. 그때가 임종 전 환자를 만날 마지막 기회가 될 수 있음은 물론이다. 전공의 선생들이 고개를 갸우뚱하면 나는 그때 그 할머니를 떠올리면서 미소 짓는다.

망각

 요즘 나는 무언가를 잊는 일이 많아졌다. 약속 시간을 잊는 것은 물론, 집을 나서려고 할 때 현관 열쇠나 자동차 열쇠를 찾아 헤매기 일쑤다. 밖에 나가 보면 지갑이나 손수건이 없어 마음을 졸인 일도 부지기수다.

 제일 걱정이 되는 것은 음식을 끓이거나 다림질을 하고 나서 외출하는 경우이다. 특별히 기억하려고 노력하지 않으면 화덕의 불을 껐는지 다리미의 플러그를 뽑았는지 생각나지 않는다. 그런 날은 하루 종일 찜찜한 마음으로 지내게 된다. 문제는 그 횟수가 점점 늘어간다는 것이다.

 가스 화덕을 전기레인지로 바꾸면서 그나마 걱정이 좀

줄었다. 시간 조절 장치가 있기 때문이다. 또 집에 전기 차단기가 있어 전열기로는 큰 화재가 생길 가능성이 비교적 적을 것 같기도 하다.

그래도 안심할 수 없다. 전열기를 잘 끄고 나왔다는 확신이 서지 않으면 외출하다가도 집으로 돌아가는 때가 허다하다. 몇 년 전 아내와 같이 공항에 나갔는데 다리미의 전원을 껐는지 도무지 기억이 나지 않았다. 출국 직전, 같은 동네에 사는 조카딸에게 전화하여 확인을 부탁한 적도 있었다.

사실 그런 현상이 어제 오늘의 이야기는 아니다. 30대 중반에 떠났던 미국 유학 시절, 실험실에서 일할 때였다. 시약을 꺼내러 냉장고 앞으로 가서 문을 열려는 순간, 아무리 해도 어떤 시약을 가지러 갔는지 생각이 나지 않았다. 한참 끙끙대다가 자리로 돌아와 다시 일을 하다 보면 갑자기 생각나곤 했다.

전열기 전원을 실제로 끄지 않았던 경우는 딱 한 번 있었다. 어느 주말 골프장에 갔다. 아침에 커피를 끓여 마시고 커피포트의 전원을 껐는지 기억이 나지 않았다. 집으로 돌아가 확인하기에는 너무 멀었고 대신 해줄 수 있는 사람도 없었다. 골프 치는 내내 온갖 불안한 상상으로 마음을 졸였다. 나중에 집에 가보니 정말 커피포트의 전원이 켜진 채로 있었다. 다행히 불은 나지 않았지만 커피포트의 유리 바닥에 남아 있던 커피가 콜타르처럼 까맣게 타서 달라붙어 있는 것이었다. 그 일은 내가 한 일을 다시 확인하지 않으면 스스로 믿지 못하는 계기가 되었다. 부모님이 돌아가실 때까지 비교적 정상적인 기억력으로 잘 사셨던 것으로 보아 잘 잊는 것이 집안 내력은 아닌가 보다 생각했는데 그것도 모를 일이었다.

나이가 들면서 단기 기억력은 점점 더 나빠졌다. 그런데 몇 년 전 수필 낭송을 시작했다. 수필을 그냥 읽는 것이 아니라 암송하는 것이었다. 처음에는 자신이 없었지만 실제로 해보니 의외로 잘 외울 수 있었다. 긴 것은 200자 원고지로 50장이 넘는 것도 있었는데 무사히 외워졌다. 물론 두 달 이상, 낮이나 밤이나 그 수필과 씨름해야 했다. 암송하는 것을 보고 어떤 분은 방송국에서 사용하는 '프롬프터'를 어딘가에 켜놓은 것 아니냐고 묻기도 했다. 그 일로 내 머릿속 기억 능력이 몽땅 망가진 것은 아니라는 사실을 확인할 수 있었다.

나와 동갑인 아내는 여행 갔던 사실이나 영화를 본 날짜 같은 것을 기가 막히게 잘 기억했다. 그런데 나는 그렇지 않았다. 남자와 여자의 차이일까? 나는 어디에 갔던 사실조차 기억 못하니 가서 무슨 구경을 했고 어떤 음식을 먹었는지는 더더욱 기억하지 못했다. 자가 진단으로 그것은 뇌의 기억 용량 문제였다. 컴퓨터처럼 기억 용량을 초과하는 정보를 저장하려면 앞의 정보는 지워야 하는 것이다. 한창 일이 바빴던 시절, 너무 많은 중요한 일을 동시에 기억해야 했던 것이 이유일 수도 있었겠다.

 아내도 요즘은 어떤 것을 까맣게 잊어버리는 경우가 가끔 있다. 나이가 들어가면서 예외 없이 찾아오는 자연 현상 중 하나인 것 같다. 누구나 얼굴에 주름이 생기고 팔다리에 기운이 빠지듯 말이다. 시간이 갈수록 점점 더 심해질 것을 각오해야 하겠다.

 나 자신에게 찾아온 몸과 마음의 변화를 즐거운 마음으로 받아들이기로 했다. 그리고 그 변화에 적응할 수 있는 방법을 찾는 편이 낫겠다고 생각했다. 우선 다리미나 전기레인지의 경우에는 전원 스위치를 끄거나 플러그를 뺀 것을 몇 번이고 혼잣말로 되뇌어서 기억을 하려고 노력했다. 열쇠, 안경, 지갑 등은 놓아두는 장소를 지정해서 집에 가면 그것들을 정해진 곳에 놓았다. 다음 날 외출 계획이 있는 경우에는 지참물이나 소지품들을 전날 저녁에 미리 챙겨놓기로 했다. 항시 가지고 다니는 가방에 손수건이나 볼펜, 비상금 같은 필요한 물품을 한 벌씩 더 넣어두어 만일에 대비했다. 간혹 그 가방을 잊고 안 가져가는 경우가 있긴 했지만.

나에게 온 변화를 인정하며 받아들이고 나니 마음이 훨씬 편해졌다. 기왕에 잊을 것이라면 누구를 미워했거나 힘들고 괴로웠던 일들도 모두 망각의 늪 속으로 던져버릴 수 있다면 좋겠다. 대신 살아 있는 동안 아름답고 즐거웠던 일만 기억하게 되기를 소원한다. 그렇다고 다른 이들이 나의 실수나 추한 면을 모두 잊고 정의롭고 아름다웠던 모습으로만 기억하기를 바라는 것도 아니다. 다만 내가 먼 길을 떠난 후, 사랑했던 사람들의 가슴속에 내 뒷모습이 평화로운 모습으로 남았으면 좋겠다. 너무 큰 욕심일까?

벽난로 불 피우기

일곱 해 전 양평으로 이사했다.

평소 집이 크고 화려하지 않아도 좋으나 벽난로가 있으면 좋겠다고 생각했다. 마침 거실에 벽난로를 놓게 되어 겨울이 오면 장작을 때기로 했다.

동네 사람 소개로 벌목하는 사람들에게서 참나무를 한 트럭 구입했다. 벌목한 통나무를 5톤 트럭에 한 차 가득 싣는 양을 한 단위로 판다고 했다. 한 차를 사면 도대체 얼마 동안 땔 수 있는지도 알 수 없었다.

참나무 한 차를 우리 집 마당에 부려놓았다. 갑자기 마당 한가운데에 나무 동산이 하나 생겼다. 나무 한 가락이 2미터는 넘었고 맨손으로는 움직이기도 힘들었다.

비용을 따로 내면 원하는 크기로 잘라줄 수 있다고 제안한 것은 나무를 싣고 온 인부들이었다. 50센티미터 정도 크기로 자른 통나무를 동네 청년 두 명이 마당 한쪽에 쌓아주었다. 물론 일당을 지불했다.

난로에 불을 때려면 통나무를 쪼개야 했다. 도끼가 필요했다. 농협 구판장에서 시퍼렇게 날이 선 도끼를 하나 샀다. 선택의 여지없이 한 종류. 볼이 두껍고 날이 좁은 도끼였다.

통나무 장작을 직접 패는 것은 생전 처음이었다. 예전에 캠핑 갔을 때는 쪼개 놓은 장작을 사서 쓰거나 번개탄을 사용하곤 했다. TV에서 본 대로 장화를 신고 넙적한 나무둥치에 쪼갤 통나무를 올려놓았다. 밑에 받치는 넓적한 나무둥치의 이름이 '모탕'이라는 것도 처음에는 몰랐다.

도끼를 머리 위로 들어 통나무를 내려찍으면 '쩍' 소리를 내면서 두 쪽으로 갈라질 것을 기대했다. 현실은 달랐다. 내 어설픈 도끼질에 통나무가 갈라지기는커녕 모탕에서 튕겨 떨어지지 않으면 도끼날이 나무에 박혀 꼼짝도 하지 않는 경우가 대부분이었다. 운 나쁘게 튕겨 날아오는 나무통에 다리를 맞고 아파서 쩔쩔매기도 했다.

처음에는 통나무 서너 둥치를 쪼개는 데 한 시간 이상 걸렸다. 세월이 가면서 점차 도끼질에 익숙해졌고 장작 쪼개기의 몇 가지 중요한 요령을 터득했다. 첫째, 생나무는 쪼개기 어렵다. 나무는 바싹 말라야 잘 쪼개진다. 둘째, 둥치가 넓은 통나무는 주변부부터 공략해야 된다. 중심부를 찍어서 쪼개기는 정말 어렵다. 셋째, 도끼를 사용할 때 조심해야 한다. 믿는 도끼에 발등 찍힌다는 속담이 있듯이 도끼가 내 발을 찍을 가능성이 있고 쪼개진 장작이 튀어 내 정강이를 칠 가능성이 있으므로 보호 장구를 갖추고 주의를 기울여야 한다.

한 해, 두 해 지나면서 장작을 패는 일이 점차 부담스러워진다. 그동안 닦아놓은 장작 패는 실력이 아깝지만 다음에는 '통나무 한 트럭'보다는 한 해 겨울 땔 수 있을 만큼의 '잘라놓은 마른 장작'을 사야 할까 보다.

장작에 불을 붙이려면 쏘시개가 필요하다는 사실은 과거의 캠핑 경험을 통해 알고 있었다. 처음에 난로 속에 신문지 몇 장과 종이 쓰레기를 넣고 토치로 불을 붙였으나 장작까지 점화되는 것은 쉽지 않았다. 부채질을 하면서 불씨를 살려보려고 했지만 불은 매정하게 꺼지고 말 뿐이었다. 몇 번의 시행착오를 거쳤다. 생나무를 어렵게 쪼갠 장작에는 아직 수분이 많이 남아 있어 불이 잘 붙지 않는다는 사실을 나중에야 깨달았다.

우리 집은 목조 주택이므로 집을 지을 때 잘 마른 목재를 많이 사용했고, 그때 모아두었던 나무토막을 쏘시개로 사용하기로 했다. 쏘시개를 잘 쌓아놓고 토치를 사용해 안정적으로 불이 붙으면 그 위에 장작을 넣었다. 이때 난로의 공기구멍을 적절히 열어 놓는 것은 필수였다. 쏘시개로는 마른 나무토막이 있으면 좋고 그 외에도 가을에 잘라 놓은 나뭇가지도 쓸모가 있었다. 그 밖에도 계란 올려놓는 종이 판지나 박스같이 오래 탈 수 있는 종이도 좋았다. 참나무를 몇 년 동안 쌓아놓으니 껍질이 썩어서 벗어졌는데 그것을 모아 두었다가 사용하기도 했다.

고생고생해서 장작에 불을 붙이고 나면 그 성취감은 이루 말할 수 없이 크다. 얼굴은 감싸는 열기를 느끼며 훨훨 타오르는 불꽃을 바라보고 있으면 온갖 근심 걱정이 사라지고 세상이 밝아진다. 밖이 몹시 추운 날이나 눈이 쌓인 날 불타는 벽난로를 바라보고 있으면 동화 속 겨울 나라에 온 것 같다. 때로는 벽난로 옆에서 아무 생각 없이 멍하니 앉아만 있어도 좋다.

장작을 태우고 나서 나오는 재를 자주 쳐서 공기 소통이 잘 되어야 장작불이 유지된다는 것도 뒤늦게 알게 되었다. 난로 바닥의 공기구멍 주위를 자주 살펴 청소했다. 걷어낸 나무 재는 겨울이 되어 휑히 비어 있는 텃밭에 뿌렸다. 고추에 탄저병이 온 경우 그 밭에 알칼리 성분을 뿌려주면 다음 해에 탄저를 예방할 수 있다고 해서 고추를 심었던 밭에 많이 뿌렸다. 봄에 밭을 갈아엎는 것은 물론이었다.

추운 날 집을 비웠다가 저녁에 들어가면 보일러를 틀어도 금세 따뜻해지는 것이 아니다. 두세 시간은 기다려야 한다. 그때 벽난로를 피우면 그 주변은 당장 따뜻해져 추위를 피할 수 있다.

난로를 때면서 얻는 재미 중 하나가 감자나 고구마를 구워먹는 것이다. 감자나 고구마를 알루미늄 호일로 싸서 구이 칸에 넣으면 화력이 좋을 때는 한 시간 정도 지나면 알맞게 구워진다. 젓가락으로 찔러보아 저항 없이 들어가면 다 구워진 것이다. 구운 감자나 고구마는 쪄서 먹는 것보다 훨씬 달고 맛있다. 누구든 뜨거운 것을 호호 불면서 같이 먹다 보면 더 가까워지는 것 같다.

코로나19로 집에 있는 시간이 늘어 전보다 난로를 많이 때니 장작의 소비 속도가 빨라졌다. 그래도 남은 장작을 다 쓰려면 이삼 년은 더 지나야 할 것 같다. 쌓아 놓은 통나무를 비닐로 열심히 덮어도 빗물이 새어 들어가 썩는 것을 막을 수 없다. 참나무가 썩어서 땔 수 없게 된 것이 제법 생겼다. 마음이 편하질 않다.

장작불 피우기를 몇 년을 계속하다 보니 이제는 제법 벽난로 불 피우기 전문가가 된 것 같은 생각이 들기도 한다. 그러나 어떤 때는 도끼날만 비쳐도 나무가 쩍 갈라지고 장작불도 단번에 붙어 잘 타다가도, 어떤 때는 아무리 도끼날이 시퍼래도 통나무 쪼개기가 힘들고 또 천신만고 끝에 불을 피워도 금방 꺼져버린다. 도무지 예측할 수 없는 것이 그것이다. 그렇다고 당황스럽지는 않다. 우리네 인생과 똑 닮았으니. 잘 나간다고 우쭐할 것도 없고 안 된다고 너무 주눅들 것도 없지 않은가 말이다.

산에 가는 즐거움

　양평으로 이사한 후, 새로 얻은 즐거움 중의 하나가 뒷산에 오르는 일이다. 해발 300미터 정도의 야산인데 임도를 타고 오르내리는 데 한 시간 반 정도 걸린다. 적당한 간격을 두고 오르막과 내리막이 반복되어 걷고 나면 등에 땀이 촉촉해질 정도이다.

　따뜻한 계절, 아침에 산에 가면 맑은 공기와 푸르른 숲이 내 몸과 마음을 깨어나게 한다. 거기다 온갖 새소리까지. 집에서 걸어서 갈 수 있는 거리에 이들이 있다는 사실만으로도 나는 행복해진다.

　집을 나서면 큰길 옆 교회 앞에서 왼쪽으로 휜 오르막이 '목장길'이다. 전에 목장들이 있었다 해서 붙여진

이름이다. 양쪽으로 아담한 주택들이 저마다 편안한 자세로 앉아 있다. 낮은 담장 너머로 보이는 여러 색깔의 꽃은 주인 마나님들의 취향을 알려준다. 한참을 올라가다가 다시 내리막이 되는 이 길은 주민들만 드나드는 길이어서 호젓하다. 멀리서 개 짖는 소리가 오히려 적막함을 더 깊게 한다.

'목장길' 끝에서 왼쪽으로 돌아가면 펜션이 하나 나온다. 전에 〈남남북녀〉라는 TV 프로그램에 나왔던 촬영 장소로 유명하다. 그곳을 지나면 바로 숲길이 시작된다. 왼쪽에는 날씬하고 곧게 뻗은 삼나무 숲이, 오른쪽 산언덕에는 머리카락이 덥수룩한 소나무와 잣나무 숲이 반긴다. 이곳을 지날 때 기분이 확연히 달라지는 것은 나무들이 뿜어내는 향과 피톤치드 때문인 것 같다.

숲을 지나면 길가의 들꽃들이 반갑게 인사를 한다. 그들은 마치 계약 기간이라도 있는 것처럼 계절 따라 종류가 바뀐다. 운 좋은 날은 다람쥐나 새끼 고라니도 만난다. 개울물 흐르는 소리가 마치 타악기 연주곡처럼 낮고 경쾌하게 마음을 두드린다. 나도 모르게 그 소리에 발걸음을 맞춘다. 숨을 들이쉬면 저항을 허용하지 않는 숲의

향기가 가슴을 파고든다.

조금 올라가면 저수지. 산불을 끄는 방화수를 저장할 목적으로 만들었다는 그곳의 풍광은 일본 어느 유명한 관광지의 호수보다 훌륭하다. 스위스풍으로 지어 놓은 주변 펜션들이 소나무 숲과 함께 물에 비치면 딱 영화의 한 장면이다. 그럴듯한 이름을 붙여주고 주변을 개발하면 좋은 관광지가 될 수 있지 않을까. 산의 사계절은, 태어나고 자라나며 결실을 맺고 삶을 정리하는 인생의 모습을 말없이 보여준다. 나는 그곳에서 내 삶을 되돌아본다.

산길은 때때로 먹거리도 내어준다. 뽕나무, 밤나무, 잣나무, 은행나무, 도토리나무가 번갈아 내어주는 열매들은 보는 것만으로도 산길을 걷는 즐거움에 풍요로움을 더해준다. 게다가 이른 봄에는 두릅 새순을 따 먹고, 그 다음에는 풍성한 오디가 입을 즐겁게 한다.

오디는 처음에는 빨간색이지만 점차 검은 보라색이 되었다가 농익으면 검정색이 된다. 빨간색의 오디는 달콤하지만 비릿한 것이 수줍은 첫사랑의 맛이다. 막 검정색으로 변할 때 알도 탱탱한데 그때 가장 달다. 너무 익으면 물렁물렁해져서 맛이 떨어진다. 나는 오디가 가장 농익었을 때 따서 냉동해 두고 일 년 내내 갈아 먹는다. 시골 사는 덕에 누리는 즐거움 중의 하나다.

6월 말은 복분자가 끝물이다. 문어 다리보다 훨씬 더 길게 뻗은 흰색 가지에 가시가 있어 손을 찔리기도 하지만 한 포기에서 열매를 많이 딸 수 있다. 잘 익은 복분자는 그리 달지는 않고 살짝 신맛이 도는 것이 여간 상큼한 것이 아니다. 그리고 서리 내릴 때까지 남는 다래는 물도 많고 달다.

은행은 냄새가 나긴 하지만 과육을 벗기고 물에 씻어 말려 놓았다가 구워먹으면 겨울 밤 간식거리로 훌륭하다. 길에 떨어져 있는 밤은 벌레 먹은 것이 많아 줍는 재미만 즐길 뿐, 거의 다 버리게 된다. 사실 나는 도토리와 잣을 줍는 것은 반대다. 다람쥐 같은 동물이 겨울을 나는 데 꼭 필요한 식량을 가로채는 것 같아서다.

그 아름다운 산길 풍경 중에 눈에 거슬리는 것이 한 가지 있다. 늦가을 낙엽이 지고 난 뒤 칡과 다래 넝쿨에 감긴 채 말라죽어 있는 나무가 간간이 보이는 것이다. 넝쿨에 감겨 허공에 매달려 있는 마른 가지는 보기만 해도 소름이 끼치기까지 한다.

생각해보면 넝쿨식물이 다른 나무를 감고 살아가는 것은 애초 그렇게 살도록 창조되었기 때문이어서 무조건 탓할 수는 없다. 하지만 다른 나무를 감아 말라죽게 하는 모습은 힘없는 사람을 괴롭히는 일과 다르지 않다. 이 세상에 타인의 자유를 억누르고 빼앗을 권한은 누구에게도 없다.

그러는 나는 정의롭게 살아왔던가? 소외되고 억압받는 사람들을 돕고 싶다고 하면서도 그렇게 살지 못했다는 회한이 가슴속에서 소용돌이쳤다.

어느 날 산에 가는 길에 톱과 전지가위를 가지고 갔다. 불의의 집단과 한판 전투를 벌이려는 결의를 다진 용사처럼. 나뭇가지를 칭칭 감고 있는 넝쿨을 보이는 대로 잘라주었다. 내 힘이 닿는 데까지 최선을 다했다. 거기서 해방된 나무들은 압제에서 벗어나 자유를 누리게 될 것이었다.

내 몸에 묶여 있던 밧줄이 풀린 듯 시원했다. 동시에 내 마음을 조이고 있던 과거의 회한, 증오 그리고 슬픔도 함께 날려버릴 수 있을 것 같았다. 마음이 가벼워졌다. 산에 가는 즐거움을 온전히 즐길 수 있겠다는 생각이 들었다. 집으로 돌아오는 발걸음이 가벼웠다.

한 번쯤은 전화를 받으실까

 어느 날 스마트폰에 저장된 전화번호를 정리하다가 '어머니'라는 이름을 발견했다. 가슴이 쿵하고 내려앉았다. 두 해 전 돌아가신 어머니의 전화번호. 잊고 있었다. 돌아가셨으니까. 그래도 어쩌면 그렇게 까맣게 잊을 수 있었을까.

 장례 후 어머니 물건을 말끔히 정리했다. 그렇게 하는 것이 편히 가실 수 있도록 도와드리는 길이라고 생각했다. 사실은 슬픔을 애써 잊으려고 노력한 나 자신을 위한 일이었는지 모른다.

 어머니의 전화번호를 지우지 않은 것이 천만다행이라는 생각이 들었다. 얼른 전화를 걸어 보았다. 답이 있을

턱이 없었다.

"지금 거신 번호는 당분간 통화하실 수 없습니다."

익숙한 안내 음성이 들려왔다.

'당분간 통화할 수 없다고?'

나중에 다시 걸어봐야지 하는 생각이 스쳤다.

어머니를 너무 일찍 잊은 건 아닌가 하는 죄책감과 아직 전화번호를 지우지 않았다는 안도감이 한데 엉켜 머릿속이 무척이나 복잡했다.

어린 시절 나는 늘 어머니를 그리워했다. 선생님이셨던 어머니는 아침 일찍 출근하셨다. 퇴근 후에는 학생 개인 지도를 하고 오시는 경우가 많았다. 초저녁잠이 많았던 나는 어머니가 집에 오실 시간이면 이미 꿈나라에 가 있기 일쑤였다. 맛있는 간식이라도 있는 날은 나를 깨우셨다. 막내아들인 나를 특별히 귀여워하셨고 '영 꼬마'라고 불렀다. 그것이 내 어릴 적 별명이 되었고 내가 중학생이 될 때까지 계속되었다.

형님 두 분과 고명딸인 누님은 미국으로 이민을 갔다. 그래서 부모님께 무슨 일이 생기면 곁에서 챙겨드릴 수 있는 자식이라고는 막내아들인 나밖에 없었다. 우리 부부는 결혼 초에 부모님과 함께 살았는데 둘 다 병원 생활이 바빠 부모님이 우리를 돌봐주시는 형편이었다.

20여 년 전 아버지가 돌아가신 후 우리 집에서 같이 사시자고 제안했다. 아내가 큰 양보를 해준 덕이었다. 그러나 어머니는 아주 단호하고 당당하게 거절했다.

"난 지금은 불편한 것이 없구나. 또 내가 너희하고 같이 산다고 지금보다 관계가 좋아진다는 보장이 없어. 불편해지면 내가 같이 살자고 얘기할게."

그 뒤로 몇 번을 다시 여쭈었지만 대답은 한결같았다. 혼자 사는 것을 즐기시는 것 같았다.

아버지 생존시에는 두 분이 매일 아침 헬스클럽에 가셨다. 혼자되시고 난 뒤부터는 내가 매일 새벽 출근길에 헬스클럽까지 모셔다 드렸다. 회원 중 최연장자였고 아흔여섯 되실 때까지 매일 아침 운동을 하셨다. 아흔이 넘으면서부터 등록을 안 받아줄까 봐 걱정은 하시면서도 그 연세에도 운동하는 것을 자랑스러워하셨다.

나는 매일 새벽 여섯 시에 어김없이 어머니 댁 초인종을 눌렀다. 헬스클럽까지 차로 약 7분. 어머니는 그동안 전날 일어난 모든 것을 나에게 말씀하셨다. 하루 중에서 유일하게 모자간 대화를 하는 시간이었다. 그러면서 당신이 잘 살고 계시다는 것을 확인하는 것 같았다.

어머니는 아침마다 마시기 좋은 온도로 식혀 놓은 인삼 달인 물을 내게 주었다. 새벽부터 준비하신 것이었다. 십 년 넘게 계속하셨다. 치매가 오기 일 년 전쯤, 힘들어서 더 이상 못하겠다고 선언하셨다. 약효도 약효지만 어머니의 그 사랑과 정성이 나의 건강 유지에 큰 도움이 되었다.

그런데 어느 날, 같은 헬스클럽에 다니던 분이 내게 전화를 해서 어머니 행동에 이상하다고 알려주었다. 어떤 분에게 계속 전화를 해서 잘못한 일이 없는데 야단을 치셨다는 것이었다. 깜짝 놀라서 병원에 모시고 갔다. 치매 초기라는 진단을 받았다. 어머니의 스마트폰에서 야단을 맞았다는 분의 전화번호를 지웠더니 무척 화를 내셨다.

나에게도 부쩍 전화를 많이 거셨다. 한창 바쁘게 일하는 중에 전화로 여러 가지 불평을 하시면 짜증이 났다. 그런 때는 나도 모르게 퉁명스럽게 대답을 했다. 당황스러워하시는 것이 전화 너머로 느껴졌다. 그러지 말았어야 했다.

어머니는 참 이성적인 분이었다. 외국에서 대학을 다녔고 박사학위도 받으셨다. 언젠가 대학교수가 될 기회가 있었다. 그러나 그렇게 하면 수입이 줄어 가족의 생활이 어려워질까 봐 대학으로 못 가셨노라고 했다.

자라면서 어머니가 누구에게 언성을 높이거나 화를 내시는 걸 본 적이 없었다. 늘 차분하게 말씀했고 우리가 잘못을 해도 조용히 타이르셨다. 감정 표현을 잘 안 하시는 어머니를 보고 우리 집에 놀러 왔던 어느 친구는 계모냐고 물은 적도 있었다. 평생 뜬구름을 쫓느라 생활을 책임지지 못했던 아버지 대신 우리 가족의 생계를 책임지다 보니 그렇게 된 것 같다고 말씀하신 적이 있다.

어머니는 치매가 온 후 성격이 180도 변했다. 화를 내시는 것은 물론 어떤 때는 얼굴 표정까지 일그러지면서 나에게 소리를 지르셨다. 그런 때는 내 어머니가 아닌 것 같고 화도 많이 났다. 병 때문에 그런 것을 이해하면서도 참 가슴이 아팠다.

그렇게 귀여워하고 또 의지했던 막내아들인 내가 아파서 입원했을 때도 걱정은커녕 남의 이야기를 듣는 것 같이 무관심해 보였다. 섭섭했지만 한편으로는 차라리 모르시는 것이 잘되었다는 생각도 들었다.

내 건강 회복을 위하여 양평으로 이사를 하게 되었다. 어머니께 같이 가시자고 했고 가까스로 동의했다. 그러나 어머니는 결국 치매 악화로 병원에 입원하였고 양평 집에는 한 번도 가보지 못한 채 먼 길을 떠나셨다.

인연 중에 어머니와 아들의 인연만큼 깊은 것이 있을까. 어린 시절 그리워하며 기다리던 어머니를 나는 또다시 기다리고 있다. 잊으려 하면 할수록 더욱 그립고 기다려지는 걸 어쩌랴. 어머니의 전화번호를 구태여 지우지 않은 것을 보면 나의 무의식 속에서도 이 세상 모자 간 인연의 끈을 놓치기가 정말 싫었나 보다.

'전화를 하면 한 번쯤은 받으실까?'

벌레와 함께 살기

　나는 벌레가 싫었다. 나뿐 아니라 내 주변에 벌레 좋다는 사람은 별로 없었다. 더운 여름날, 바야흐로 단잠에 빠지려는 순간 시끄러운 소리를 내며 얼굴에 앉아 잠을 방해하는 파리. 불결한 생각이 들어 더욱 기분이 나빴다. 또 '왱' 하는 소리와 함께 손등에 일침을 놓고 도망가는 모기는 물리면 따갑고 가렵지만 일본뇌염이나 말라리아 같은 병에 걸릴까 봐 두렵기도 했다. 게다가, 실제로는 여섯 개인데도, 마치 60개도 넘을 것 같아 보이는 다리로 염탐꾼처럼 나타났다가 도둑처럼 순식간에 사라져버리는 저 바퀴벌레는 납작하게 엎드려 있는 모습이 불결하고 간교해 보여서 더 싫었다.

어디 그뿐이랴. 마당에 나가면, 장미 잎을 까맣게 덮는 진딧물, 새로 나오는 연약한 배추 잎을 갉아서 여기저기 구멍을 내 놓는 배추벌레, 그리고 방심하고 있을 때 여러 번 내 손을 폭격한 말벌. 이런 벌레들이 보기만 해도 싫고 무섭기까지 했다.

중고등학교 시절. 우리는 매년 단체로 국립묘지에 가서 나무젓가락을 들고 송충이를 잡아야 했다. 산림녹화를 방해하는 초록색 해충이 보기만 해도 소름이 끼쳤다. 젓가락으로도 잡기가 무서워 나뭇가지를 쳐서 송충이를 땅에 떨어뜨린 뒤 발로 밟기도 했다. 자연스럽게 벌레를 미워하는 훈련까지 받은 셈이다.

그래서 나는 벌레가 보이기만 하면 반사적으로 신문지를 접어 때리거나 파리채로 잡았다. 뿐만 아니라 살충제로 공격하기도 했다. 벌레를 죽일 때 나는 전혀 죄책감을 느끼지 않았다. 오히려 일종의 쾌감 같은 것이 밀려왔다. 해충을 잡고 내 주변의 청결과 건강을 지켰다는 작은 성취감마저 들었다.

그런데 벌레에 대한 내 생각이 바뀌게 되었다. 몇 년 전 암 진단을 받은 이후의 일인 것 같다. 병원 일에 파묻혀 정신없이 살던 나는 어느 날 갑자기 삶과 죽음의 갈림길에 서게 되었고, 독한 항암제 치료를 받아야 했다.

중병에 걸려 죽음의 문턱에 가본 사람은 죽음에 대해 깊이 생각하고 받아들이게도 될 것 같은데, 나는 그러지 못했다. 죽을지도 모른다는 생각이 내 머릿속 여기저기에서 느닷없이 불쑥불쑥 나타났지만 거부했다. 실제로 다가올지 모르는 죽음을 준비하라는 의미에서다. 천주교 신자인 나에게 주변에서 병자성사를 받으라고 권했다. 그러나 나는 그 말을 애써 듣지 않은 것으로 하고 싶었다. 열심히 치료받으면 다시 전처럼 건강하게 살 수 있을 것이라는 생각만 했다. 전에 없이 생명의 귀중함이 느껴졌다. 다행히 운명의 나침반이 삶 쪽으로 가닥을 잡아주었다.

항암 치료가 끝나고 얼마 지나지 않아 시골로 이사했다. 생전 처음 여유로운 시간을 가질 수 있었다. 그곳에서 여러 종류의 벌레를 만났다. 밭에는 지렁이와 달팽이도 많고, 날아다니는 벌레도 이루 다 헤아릴 수 없을 만큼 많았다.

그런데 이상했다. 벌레가 전처럼 싫지 않은 것이었다.

아니 예쁘고 소중하다는 생각이 들기 시작한 것이다. 가끔 열린 문틈으로 여러 가지 벌레가 들어왔다. 잡거나 살충제를 뿌릴 마음은 들지 않았다. 도리어 찬찬히 관찰하는 마음의 여유가 생겼다. 그 작은 몸에 생존을 위한 모든 기관이 다 들어 있고 그것들이 열심히 움직이면서 생명을 유지하고 있는 것이 신비스러웠다.

젊은 시절 미국 유학 중에 지도교수 집에 초대받은 적이 있었다. 그분은 율법을 철저하게 지키는 유대인이었다. 대화를 하던 중 벌레가 들어오니 종이컵으로 조심스럽게 잡아 살려서 내보내는 것이었다. 그때는 참 낯설게 보였지만 그분은 종교의 가르침에 따라 하찮은 곤충의 생명도 귀하게 여겼던 것이다.

어느 날, 말벌 한 마리가 집 안에 들어와 거실 유리문 위에 앉아 있는 것이 보였다. 전 같으면 의당 살충제를 찾아 뿌렸을 텐데 그날은 그럴 마음이 없었다. 순간 말벌에게 말을 해봐야겠다는 생각이 들었다. 옆에 있던 신문지를 집어 말벌이 앉아 있던 유리 밑에 대고 천천히 말했다.

"여기 옮겨 앉아 볼래?"

순간, 놀랍게도 말벌은 신문지 위로 옮겨 앉는 것이었다. 마치 내 말을 알아듣는 것 같았다. 기분이 묘했다. 나는 천천히, 벌이 놀래지 않도록 마음을 쓰면서 무사히 유리문 밖으로 날려 보낼 수 있었다.

그 일을 경험한 후, 집 안에 어떤 벌레가 들어와도 살려서 보낼 방법이 있는지 먼저 생각해보게 되었다. 웬만한 벌레는 손에 부드러운 휴지를 쥐고 살짝 잡아 내보내고, 그렇지 않으면 창문을 열어두고 기다렸다. 집 곳곳에 있는 거미줄도 보기에 나쁘지 않으면 내버려두었다.

그렇게 나는 벌레와 같이 사는 방법을 배우고 있다. 살생을 하지 않도록 가르치는 불교나 자이나교의 신자들은 길 위의 개미 한 마리도 해치지 않으려고 애쓴다지 않는가. 내게 삶이 허락되는 동안, 모든 생명을 존중하면서 같이 살아가리라 마음 먹어본다. 내 삶이 소중하듯 살아 있는 모든 것은 귀중하니까.

5. 죽음은 도둑같이 온다

상자 속 추억 여행
노인성난청
죽음은 도둑같이 온다
결혼식 주례
어머니의 캐비닛
또 다른 학교
풀 향기
작은 소망

상자 속 추억 여행

내가 2년 먼저 이사한 양평 집에 아내가 이사를 왔다. 아내도 퇴직을 한 것이다. 물건을 다 옮기고 나니 양평 집이 자기 집 같은 생각이 든다고 했다. 차제에 그동안 쌓아 두었던 짐 상자를 정리하기로 했다. 이층 다락방에 올려다 둔 많은 짐의 무게를 목조주택이 견디기나 할지 슬며시 겁이 나는 참이었다.

어떤 상자는 8년 전 아파트를 재건축한다고 해서 이사할 때 싸 놓고 창고에 넣어둔 것이었다. 먼지가 많이 쌓였고 곰팡이 냄새까지 났다. 다른 상자는 퇴직 전에 교수실에 있던 짐을 넣어둔 것이었다. 다행히 상자 겉면에 메모를 해 놓아 내용물을 알 수 있었다.

'아빠 책'이라고 쓰여 있는 오래된 상자를 하나 열었다. 의학 교과서가 나왔다. 학생 시절 어렵사리 사서 본 책들이었다. 다른 과보다 등록금이 훨씬 비싸 부모님께 미안했다. 거기에다 책값까지 달라고 하려니 입이 떨어지지 않았다. 대학 시절 용돈은 늘 부족했다. 친구 여럿이 책을 한 권만 사고 이름을 쓰지 않았다. 번갈아 집에 가지고 가서 새로 산 교과서라고 보여 드렸다. 우리는 별 죄책감 없이 남는 돈을 대학 시절의 낭만을 탐구하는 데 투자했다. 어떤 선배는 해부 실습을 위해 원숭이를 사야 한다고 돈을 받아서 썼다는 전설이 전해지기도 했다. 대학 동기 동창인 아내와 나는 똑같은 책을 두 권씩 보관할 이유가 없었다. 한 권씩은 버렸다.

 '앨범'이라고 쓰여 있는 상자를 열었다. 요즘은 거의 다 컴퓨터에 파일로 보관하지만 아이들이 어릴 때는 사진을 인화해서 앨범에 꽂았다. 사진 속의 우리 부부는 모두 젊었고 아이들은 어렸다. 성인이 된 우리 딸들, 내 눈에는 지금도 예쁘지만 그때 더 예뻤다. 그때는 시간이 얼른 가서 힘든 과정을 끝내고 편히 사는 때가 오기를 기다리며 살았다. 옆도 보지 않고 열심히 일만 했다. 이제 어느 정도 끝났구나 하고 고개를 들어 주위를 돌아보니 시간은 흘러가버렸고 나이가 든 것을 알게 되었다. 나만 그런 느낌을 가지는 것은 아니겠지. 젊은 시절로 돌아갈 수 있다면 얼마나 좋을까?

상자를 열다 보니 둘째딸 앨범이 나왔다. 겉장을 들치니 아이의 가족 소개하는 공간이 있었는데 내용이 비어 있었다. 큰딸 때에는 친척은 물론 돌잔치에 참석한 사람들 이름까지 사진 밑에 기록해 두었는데, 둘째딸을 낳았을 때는 우리 부부가 모두 바빠 신경 쓰지 못했다. 둘째는 두고두고 그 일을 섭섭해했다. 심지어는 언니의 초등학교 1학년 운동회 때 아빠가 갔었는지까지 살폈다. 다행히 둘째의 운동회에서 내가 같이 뛴 사진은 있고 첫째의 앨범에는 없어 마음을 놓았던 기억이 났다.

그 다음 장을 넘기니 아버님이 붓글씨로 쓰신 아이의 생년월일과 이름이 화선지 위에 있었다. 명필이셨던 아버지는 손주가 태어나면 그렇게 글씨를 써서 병원으로 가져다주셨다. 살아계셨다면 증손주 이름도 써 주셨을 텐데.

다음은 논문집이 들어 있는 상자였다. 젊은 시절 전공

논문집을 구독하는 것은 비용이 많이 들었다. 선배 교수실 서가에 연도별로 꽂혀 있는 논문집을 보면 부러웠다. 당시 논문을 읽으려면 교수님의 책을 빌려서 복사를 하거나 도서관에서 찾아야 했다. 교수님의 해박한 지식과 권위의 반은 책꽂이에 있는 논문집에서 나왔다. 독점적 데이터베이스였던 셈이다.

그런데 요즘은 세상이 달라졌다. 인터넷이 발달하면서 모든 정보를 누구나 손쉽게 얻게 되었다. 이제는 사용할 수 있는 정보의 양과 속도를 결정하는 것이 서가에 쌓여 있는 책이 아니라 컴퓨터를 다루는 기술이 되어버린 것이다. 나는 아직도 책꽂이에 정리된 논문집에 대한 향수를 버리지 못하고 있었나보다. 눈을 질끈 감고 모두 버리기로 했다.

내용 표시가 없는 상자를 하나 열었다. 놀랍게도 아내가 모아 두었던 장식품들이 나타났다. 몇 해 전 이사 때 넣어두고는 찾지 못했던 것들이다. 언젠가는 나오겠지 생각했는데 그렇게 발견되었다. 유달리 장식용 소품을 좋아해 온 아내는 기회만 있으면 사 모았고 집 안 곳곳에 진열했다. 이사를 다닌 뒤로는 진열할 기회가 없어 상자에 넣어 놓았다가 그 존재를 잊고 있었던 것이다. 아내는 뛸 듯이 기뻐했다. 그 물건들을 몇 번이고 열어보았다.

닫혔던 상자. 그 속에서 잊고 살았던 우리 젊은 날의 사랑과 원망과 그리움이 물밀듯 솟아 나왔다. 돌아갈 수 없는 시간. 과연 나는 잘 살았는가? 존경받는 선배이며 사랑받는 남편, 아빠였을까? 자신 있게 대답할 수 있는 것이 없었다. 많은 것을 남에게서 받고 살면서 변변히 감사하거나 나눌 줄도 몰랐다. 그저 앞만 보고 열심히 살면 잘 사는 것이라고 믿었다.

몇 년 전 몸이 아팠을 때 내가 불시에 세상을 떠났더라면 그 많은 추억과 짐을 누가 챙기고 정리할 수 있었을까. 잠시의 상자 속 추억 여행에서 되찾은 기억들은, 내게 남은 시간 동안 감사하고 용서하고 사랑하며 살아야 한다고 말하는 것 같았다.

노인성난청

 용문역에서 서울행 전철을 탔다. 보통은 자리가 넉넉하지만 평일 오전 10시경에는 노인 승객들로 꽤 붐빈다. 그날도 승객 대부분이 노인이었다.
 아내와 나는 문 옆 끝자리에 앉았다. 열차 속은 인적 없는 시골길같이 고요했다. 승객들은 저마다 스마트폰을 보거나 책을 읽거나 눈을 감고 잠을 청하기도 했다. 간혹 옆 사람과 소곤소곤 대화를 하는 사람이 있기는 했지만 나는 깜빡 졸고 있었다.
 갑자기 남자의 고함 소리가 들렸다. 모두들 깜짝 놀라 쳐다보았다. 옆자리에 앉은 60대 후반으로 보이는 어르신이 전화하는 소리였다. 보통 대화 소리가 60데시벨 정도라니 이분의 고함은 족히 65데시벨은 넘어 보였다. 그분의 통화는 5분 이상 계속되었다. 통화가 끝나자 이번에는 옆에 앉은 일행과 대화를 시작했는데 그 또한 고함 수준이었다. 말투나 대화의 내용으로 보아 교육 수준이 있고 아직도 현직에 있는 분 같았다.

고함 소리를 옆에서 견디는 것은 웬만한 인내심 가지고는 어려운 일이었다. 조용히 해달라고 말하고 싶었으나 참았다. 만약의 경우 상대방이 불쾌하게 반응하면 다툼으로 번질 수도 있는데 그러기는 싫었다. 몇 번 쳐다보며 노려봤지만 이야기에 열중한 어르신은 아는지 모르는지 아랑곳하지 않았다. 내 마음을 알아챈 아내가 슬며시 내 옆구리를 잡아당겼다. 다행히 얼마 지나지 않아 그분은 대화를 끝냈다. 이야기 소재가 다 떨어진 것 같았다. 전철 안에는 다시 고요와 평화가 찾아왔다. 건너편 쪽에서 할머니 몇 분이 계속 이야기를 하고 있었지만 할아버지의 고함 소리에 비하면 그건 자장가 수준이었다.

하지만 전철 안에 다시 찾아온 평화는 그리 오래 가지 않았다. 몇 정류장 지나면서 눈을 감고 잠을 청하던 내 귀에 갑자기 날카로운 고함 소리가 날아와 꽂혔다.

"아니 얘. 그건 그 가게가 싸. 우리 옆집 사람이 가르쳐줘서 나도 알았는데…. 정말이야."

방금 전철에 탄 할머니 한 분이 아내 바로 옆 문가 난간에 등을 대고 서서 전화하는 소리였다. 먼저 할아버지 고함 소리보다 크면 컸지 작지는 않았다. 70데시벨. 게다가 할머니 발음이 정확하고 톤이 높아서 그런지 대화 내용도 잘 들렸다. 그 칸에 탄 사람 모두 새로운 70데시벨 고함 소리에 신경이 곤두선 것 같았다. 할머니의 신바람 난 대화는 점입가경이었다. 잠이 깬 나는 바로 옆에서 그 소리를 다 들어야 했다. 속이 부글부글 끓었다.

"어. 내가 옆집 엄마한테 물어봐서 그 집 전화번호 알아가지고 너한테 다시 전화해줄게…."

'아니 여태 떠들고선 또 누구한테 물어본다는 거야'

할머니는 어디론가 또 전화를 걸고 있었다.

문득, 몇 달 전 서울 가는 전철 안에서의 일이 생각났다. 할머니 세 분이 경로석에 앉아 큰소리로 대화를 하고 있었는데 정말 시끄러웠다. 70데시벨은 넘어 보였다. 그 차에 탔던 사람들은 모두 할머니들의 대화가 시끄러워 짜증이 나던 참이었다. 그때 맞은편에 앉아 있던 할아버지 한 분이 소리를 질렀다. 머리가 희고 수염을 길러서 나이가 많이 들어 보였다.

"여기가 어디라고 그렇게들 떠들어?"

"이 여자들이 정신 나갔나?"

여고생처럼 깔깔거리며 떠들던 할머니들은 백발 할아버지의 고함 소리에 깜짝 놀라 입을 다물었다. 정도가 지나쳤다는 생각이 들긴 했지만 할아버지의 질책에 속이 후련했다.

그날은 그런 할아버지도 없었으니 아내 옆 할머니가 고함치며 여러 번 통화를 해도 아무도 제지하지 않았다. 나는 화가 나서 도저히 참을 수가 없었다.

"제발 조용히 좀 하세요!"

드디어 입에서 침까지 튀며 소리를 질렀다. 상상 속에서 말이다. 나의 고함 소리가 입 밖으로 폭발 직전 멈춘 것은 순간 떠오른 어머니 모습 때문이었다.

어머니는 난청이 있었다. 아흔이 넘은 나이에도 매우 총명했고 자신의 독립적 생활에 대해서 무척 자부심이 많은 분이었다. 그런데 어느 때부턴가 무언가 질문을 하면 대답 대신 빙그레 웃는 경우가 많아졌다. 나는 그것을 긍정의 표시로 알았다. 언젠가 그 웃음이 좀 애매해 보이기도 해서 의중을 재차 확인하느라 따져서 여쭈어 보았다. 질문 내용을 못 알아들었다는 것이었다. 그러고 보니 언제부터인가 어머니 댁에 있는 TV 볼륨이 높아졌다는 사실을 깨닫게 되었다. 이비인후과 진료를 하고 나서야 노인성난청이 생겼다는 것을 확인하게 되었다. 어머니는 그길로 보청기를 맞췄다.

화를 진정시키고 아내와 대화를 했다. 일부러 볼륨을 높였다.

"아까 그 할아버지도 그렇고 또 할머니도 그렇고, 전화하면서 고래고래 소리를 지르는 걸 보면 귀가 잘 안 들리나 봐."

"그러니까 전화하면서 그렇게들 고함을 지르겠지. 남한테 지장을 주는 줄 알면 그렇게 하시겠어?"

아내가 맞장구쳤다.

"맞아요. 두 분 다 노인성난청이 있나 봐."

"우리도 조심해야겠어."

나는 아내 옆자리 할머니를 곁눈질해 봤다. 할머니는 통화를 다시 하려다가 멈칫했고 우리의 대화를 들은 것 같았다. 그러더니 우리를 힐끗 쳐다보았다. 그 할머니는 자세를 고쳐 서고는 더 이상 전화를 하지 않았다. 나는 편안한 마음으로 다시 눈을 감을 수 있었다.

죽음은 도둑같이 온다

 세 살 되던 해, 초여름날이었다. 나는 마루 끝에 혼자 앉아 가족들을 기다리고 있었다. 태어난 지 한 돌이 채 안 되어 사고로 세상을 떠난 여동생을 묻고 돌아오는 길에 어머니는 수박을 한 덩어리 사오셨다. 가족들이 빙 둘러 앉아 우물 속 찬물에 담가두었던 수박을 아무 말 없이 나누어 먹었다. 대개 네 살에서 여섯 살 기억이 처음 기억이라는데 내 머릿속에 있는 가장 오래된 기억은 세 살 때 그것이다. 내가 죽음과 맞닥뜨린 첫 번째 기억이기도 하다.
 두 번째 죽음과 마주친 기억은 다섯 살 때의 일이었다. 친척 할머니 한 분이 노환으로 돌아가실 것 같다는 연락이 왔다. 어머니를 따라 그 댁에 갔다. 친척 할머니는 가구를 치운 안방 아랫목에 요를 깔고 의식 없이 누워계셨고 그 주위에 여러 친척이 앉아 있었다. 그날 저녁 아버지가 퇴근하시자 어머니가 낮에 할머니를 찾아뵌 이야기를 했다.

"오늘 복희네 할머니 뵈러 갔었어요. 글쎄 곡기를 완전히 끊으셨대요."

"곡기를 완전히 끊으셨대? 아이고, 그럼 곧 돌아가시겠구먼."

나는 사람이 죽을 때는 무슨 끈 같은 것을 끊어야 되는구나 하고 생각했다.

공교롭게도 나는 외할아버지, 친할머니, 아버지, 어머니의 임종을 모두 혼자서 지켰다. 어머니는 내 사주에 그것이 들어 있다고 했다. 그 대화를 할 때는 어머니 임종까지 나 혼자 지키게 될 것이라고는 생각도 못했다.

내가 죽음과 정면으로 마주친 것은 중학교 2학년 때였다. 아버지를 따라 가족들이 어느 저수지로 낚시를 갔다. 수문 근처에서 낚시를 하시던 아버지는 고기가 잘 안 잡히자 다른 장소로 옮기셨다. 낚시를 할 줄 모르던 나는 원래 있던 자리에서 짐을 지키며 혼자 앉아 있었다.

나른한 초가을의 일요일 오후, 햇살이 제법 따가웠고 부드러운 바람이 얼굴을 간지럽히고 있었다. 나른했다. 아무도 없는 고요한 저수지, 가만히 앉아 물을 바라보다가 졸고 있던 내 귀에, 누군가 속삭이는 것 같았다.

'야 너 심심하지? 이리 들어와, 여기는 너무 시원하고 포근해.'

깜짝 놀라 눈을 뜨고 보니 아무도 없었다. 수문 앞에서 소용돌이치는 물살이 내게 열심히 손짓하는 것 같았다. 또 한 번의 속삭임.

'물속으로 한번 들어와 보라니까. 여기 정말 좋아.'

집요한 유혹을 거부하기가 힘들었다. 전혀 수영을 할 줄 몰랐는데도 너무나 물에 들어가고 싶었다. 뛰어들려다가 참기를 몇 번. 몸이 거의 반쯤 저수지 쪽으로 기울었다. 급기야 물살이 손을 뻗어 내 옷을 잡아끄는 것 같았다. 정말 참기 힘들었다. 막 뛰어들려는 찰나, 어머니가 오셨다. 나는 정신을 차렸고 그 속삭임은 다시 들리지 않았다. 누구의 목소리였을까?

종양내과 전문의로 일하면서 많은 환자를 만났다. 대부분 전이되거나 재발된 암 환자였다. 환자들은 나와 만나고 일 년쯤 지나면 대부분 영원한 이별을 했다. 환자들은 밀물처럼 밀려왔다가 고통스런 순간과 많은 사연들을 남기고 썰물처럼 밀려 떠나갔다. 그분들의 마지막 시간을 통해 죽음에 대한 여러 가지를 경험했다. 그런 의미에서 환자들은 나의 스승이었다. 임종을 앞 둔 환자들과 대화하는 것이 나에게는 편안했다. 해서 스스로를 '죽음 전문가'라고 자부했다. 또 나 자신의 죽음에 대해서도 준비를 많이 해 놓았다고 스스로 믿고 있었다.

그 믿음이 사실이 아니라는 것을 알게 된 것은 내가 암 진단을 받은 뒤였다. 누구나 그럴 것이지만, 갑자기 맞이한 암 진단에 큰 충격을 받았다.

'내가 암이라구? 내가?'

마치 남의 이야기를 듣는 것 같았다.

살아오면서 겪은 다른 난관들처럼 잘 견디고 침착하게 해결하면 될 것이라는 생각만 했다. 그러나 항암제를 맞고 부작용을 겪으면서 점차 내가 정말 암으로 죽을지도 모른다는 생각이 들었다. 시간이 가면서 그것은 부인할 수 없는 사실이 되었다.

치매로 치료 중인 어머니가 걱정이 되었다. 어머니보다 먼저 죽으면 안 된다고 생각했다. 어떻게든 마지막까지 내가 돌보아 드려야 했다. 사실 어머니는 아흔 살이 넘도록 자신이 돌아가실 것에 대한 실질적 준비를 전혀 안 하셨다. 그 전에도 누가 마지막 순간에 어떻게 해드리기를 원하는지 물으면 못 들은 체하셨다.

그 다음으로는 아내가 걱정이었다. 장인 장모가 모두 치매에 걸렸기 때문에 아내도 치매에 걸릴 가능성이 높다고 근거 없는 단정을 내리고 있었다. 내가 돌보아 주기로 했는데 그 약속을 지키지 못할 것이 걱정이 되었다. 두 딸에게, 엄마를 잘 돌보라고 부탁하면서 나 혼자 눈물을 삼켰다. 그런데 거꾸로 아내가 나를 돌보고 지켜 주었다.

죽음은 도둑같이 온다는 말이 있다. 생각하기조차 싫지만 언젠가 반드시 온다. 나도 다를 바 없는 보통 인간이었다. 다만 수많은 타인의 죽음을 보면서 죽음에 조금 더 익숙해진 것일 뿐. 임종하는 환자들을 보며 나의 무의식은 그것이 내가 아니라는 사실에 그저 안도했을지도 모른다. 또 그분들의 마지막을 같이 보내면서, 나의 마지막 모습은 아름다웠으면 좋겠다는 소망을 갖게 되었다.

지금 나는 몸과 마음의 회복을 위해 최선의 노력을 하고 있다. 그러나 한편으로는 남은 시간 동안 어떻게 살아야 하는지 또 언젠가 죽음과 불현듯 다시 만날 때 내가 의연할 수 있을지, 생각에 생각을 거듭하고 있다. 나의 죽음이 나 자신과 가족에게 어려운 숙제가 되지 않기를 빌어본다.

결혼식 주례

 정치인이셨던 아버지는 30대 무렵부터 결혼식 주례를 하셨다. 사람들이 집으로 찾아와 주례를 맡아달라고 부탁하는 일이 많았다. 토요일과 일요일이면 이른 아침부터 정장을 하고 주례를 위해 외출하시던 아버지의 모습을 보는 것이 나의 어릴 적 일상이었다. 삼 형제 중에서 아버지와 음성, 생김새, 성격까지 가장 많이 닮은 나는, 언젠가 나도 어른이 되면 주례를 서게 되겠지 하고 막연히 생각하고 있었다.

 내 나이 45세가 되던 해의 겨울, 한 학생이 주례를 부탁하러 찾아왔다. 졸업반으로, 내가 지도교수를 맡았던 영어회화 서클의 회장이었다. 자기 동기들보다 몇 살 위였다. 똑똑하고 예의 바른 학생이어서 평소 호감이 가기도 했고, 대학교수로써 학생의 결혼식 주례 부탁을 받는다는 사실이 학생들의 신뢰를 받고 있다는 방증이 되어 결코 싫지 않은 제안이었다. 여러 가지 이유로 남 앞에 섰던 경험이 제법 있었던 나지만, 주례를 수락하고 나니 몇 가지 문제를 걱정하게 되었다.

첫째, 주례사를 어떻게 해야 할지 생각이 나지 않았다. 뭔가 일생에 교훈이 될 이야기를 해줘야 할 것 같은데 도무지 감이 잡히지 않았다. 아버지의 도움을 은근히 기대하고 있었으나, 슬쩍 주례사가 걱정이라는 이야기를 꺼내도 아무런 반응이 없으셨다. 당시 아버지는 이미 많이 노쇠한 상태이셨다. 큰일이다 싶어 서점에 가니 '명사들의 주례사'라는 제목의 책이 눈에 들어왔다. 이거다 싶어 손에 들었는데, 어떤 분은 다소 유머를 섞었고 또 어떤 분은 고사를 인용하며 엄숙하게 했을 뿐, 주례사의 내용은 결국 대동소이했다. 두 사람이 사랑하고 신뢰하면서 백년해로할 뿐만 아니라 부모에게 효도하고 또 사회에 공헌하라는 내용이 골자였다. 내 경험에 비추어 보면 어차피 신랑 신부는 정신이 없어 주례사를 알아듣기 어렵고, 주례사가 길면 하객들이 지루해하고 시끄러워지는 것이 현실이었다. 따라서 주례사는 위의 내용들을 중심으로 짧게 하는 것이 좋겠다고 결정했다.

둘째 문제는, 내 나이가 많지 않았을 뿐만 아니라, 비교적 동안이어서 실제 나이보다 어려 보이는 것이었다. 지금 생각해보면 동안이 별 문제 될 것이 없었는데 당시에는 걱정이 되었다. 아내와 상의 끝에 설 명절에나 가끔 입는 한복 위에 두루마기를 입고 가기로 결정했다.

결혼식 당일, 두루마기를 떨쳐입고 나서는 나를 보고 큰딸은 독립군 투사 같다고 놀려댔다. 결혼식장에는 많은 하객이 와 있었고 우리 대학의 학생이 많이 보였다. 신랑 신부 입장에 이어 맞절과 혼인서약, 성혼선언문 낭독을 하고 나니 그 다음 문제의 주례사 차례가 되었다. 결혼식을 시작하고 나서 채 20분이 지나지 않은 시점이었다.

주례사를 써 놓은 종이를 안주머니에서 꺼내어 읽기 시작했다. 두 분의 결혼을 축하하고 결혼식에 와주신 하객들께 양가를 대신해서 감사드린다는 이야기를 하고 신랑 신부의 소개가 끝난 다음, 주례사의 본론을 읽기 시작했다. 문제는 이때 생겼다. 키가 별로 크지 않은 신랑과 신부가 주례사를 하고 있는 나를 빤히 올려다보면서 열심히 듣고 있는 것이었다. 순간 당황했으나 곧 마음의 안정을 찾았다. 본인들이 듣고 있다는 사실을 확인한 이상 주례사를 열심히 해야 되겠다는 생각이 들었다. 그렇게 나의 생애 첫 번째 주례사는 끝이 났다.

그날 저녁 식사 후에 텔레비전을 보고 있는데 전화기가 울렸다. 놀랍게도 신혼여행을 떠난 신랑이었다.

"교수님, 저희가 저녁 먹고 이야기했는데요. 오늘 교수님 주례사가 너무 좋아서 감사하다는 전화를 드려야겠다고 생각했어요. 정말 감사합니다."

신혼여행 가서 신부가 친정어머니에게 전화한다는 이야기는 들었어도, 신랑 신부가 주례에게 감사 전화를 한다는 이야기는 금시초문이었다. 그 학생의 성품으로 보아 교수한테 잘 보이려고 전화를 한 것은 아니라고 생각되었고 그래서 더더욱 놀라웠고 고맙기도 했다.

첫 번째 주례 이후 약 15년이 흐르는 동안, 교수로서 제자들의 결혼식은 물론, 병원장 보직을 맡았을 때 직원들의 결혼식에 주례 부탁을 받게 되었고 간혹 친지들의 자제 결혼식에 주례를 맡는 경우도 있었다. 결혼식 주례는 단순히 결혼식을 진행하는 동안 예식을 주관하는 것만으로 역할이 끝나는 것이 아니라 그 두 사람의 일생을 이끌어주는 역할을 해야 한다는 사실을 그동안의 경험으로 배웠다. 그러기 위해서는 내 삶도 그들에게 모범을 보여야 하지 않을까?

요즘 들어 젊은이들의 결혼식 주례를 하는 것이 점점 더 두려워진다.

어머니의 캐비닛

 어릴 적 우리 집 안방 윗목에는 커다란 캐비닛이 있었다. 검정색인데 어른 키 높이보다 컸다. 어머니가 시집을 때 외할아버지가 혼수로 마련한 것이라고 했다. 철판이 얼마나 두껍고 튼튼한지 6·25 때 인민군이 도끼로 찍었어도 뚫리지 않았다고 했다. 옆면에는 그때 생긴 도끼 자국이 남아 있었다.

 열쇠로 열고도 문 가운데에 있는 둥근 다이얼의 세 단계 번호를 맞추어야 캐비닛을 열 수 있었다. 어머니는 그것을 늘 잠가 놓았는데 중요한 물건을 그 속에 보관하는 것 같았다. 온갖 신기한 물건이 쏟아져 나올 것 같은 그 속은 내게는 요술 상자였다. 어머니는 가끔 그 속에서

군것질거리를 꺼내 우리 사 남매에게 배급주듯 나누어 주셨다. 그중 '판 초콜릿'이라고 부르던 바둑판 모양의 초콜릿이 가장 인기가 있었다. 한 사람에게 조그만 정사각형 한 쪽씩만 주셨는데 얼마나 작았는지 입에 넣자마자 금방 녹아 없어져 늘 안타까웠다.

선생님이던 어머니는 월급날이면 어김없이 돼지고기를 사오셨다. 돼지고기와 두부를 넣은 고추장찌개를 해주셨는데 지금도 그 맛을 잊을 수가 없다. 우리는 그것 때문에 어머니 월급날을 기다렸다. 아주 드물게 검정 캐비닛에서 음식 통조림을 꺼내기도 했는데 그날은 특별한 날이었다. 캐비닛 속이 무척 궁금했지만 어머니는 우리에게 그 속을 공개하지 않았다.

밖에 나가 노는 것밖에는 아이들을 위한 놀이가 별로 없던 시절, 그 캐비닛은 우리에게 언제나 신비의 세계였다. 나는 틈이 날 때마다 그 속에 무엇이 있을까 생각하며 상상의 나래를 폈다.

그러던 어느 날 형들이 몰래 캐비닛을 여는 것을 보았다. 어머니는 바쁠 때는 열쇠를 사용하지 않고 다이얼 번호만 돌려 두는 것 같았다. 형들은 어머니 등 뒤에서 번호를 몰래 보고 기억해 둔 것이었다. 나는 우연히 캐비닛 뒷벽에 적어놓은 다이얼 번호를 발견했다.

검정 캐비닛 속을 몰래 들여다보는 것은 우리 형제들만의 공공연한 비밀이 되었다. 아니 내가 '캐비닛 탐사팀'에 가입한 것은 형들은 모르는 일이었다. 내가 형들의 비밀을 안다는 사실이 알려지면 내 입을 막기 위해 무섭게 대할 것이 두려웠다.

그 속에는 먹을 것 외에도 나에게는 신기한 물건이 많았다. 나는 캐비닛 속을 구경만 했지 감히 물건에 손을 댈 수는 없었다. 그런데 어느 날, 초콜릿이 너무 먹고 싶어 그만 '판 초콜릿' 한쪽을 떼어 먹고 말았다. 그날 저녁 나는 어머니에게 들킬까 봐 혼자서 벌벌 떨었다. 그러나 어머니는 아무 말씀도 하지 않았다.

캐비닛 속에서는 어머니 냄새가 났다. 그래서 출근한 어머니가 그리울 때면 캐비닛 속이 더 보고 싶었다. 형들도 나와 마찬가지였을까? 나는 보자기에 싸 넣어 둔 여러 가지 물건을 꺼내 보았다. 그때마다 캐비닛 속 신비의 세상에서 뿜어 나오는 비밀스러움에 압도되곤 했다. 어머니는 자주 사용하지는 않는 것들을 그곳에 보관하는 것 같았다. 혼자서 비밀의 장소를 탐구하는 즐거움이 있었지만 갑자기 형들이 들이닥칠까 봐 항상 마음을 졸였다.

캐비닛의 맨 밑에는 서랍이 두 개 나란히 있었다. 그 속에는 무언가 특별한 것이 들어 있을 것 같았다. 서랍을 열려면 또 다른 열쇠가 필요했는데 어디에 두었는지 좀처럼 찾을 수가 없었다. 형들도 끝내 그 서랍을 열어 보지는 못한 것 같았다. 나는 그 서랍 속을 생각하며 상상 속의 세계를 날아다니곤 했다. 어머니의 검정 캐비닛은 그렇게 내가 자라는 동안 내 호기심 속의 우주 공간이었다.

6년 전 어머니는 먼 길을 떠나셨다. 장례식이 끝나고 우리 사 남매는 어머니 댁에 모여 유품을 정리했다. 어떤 것은 헐었지만 추억이 잔뜩 서려 있어 버리기에 아까운 물건도 있었다.

구석 방 한쪽에 검정 캐비닛이 서 있었다. 그것을 본 순간 모두들 어릴 적 기억을 떠올렸다. 캐비닛은 잠겨 있었다. 열쇠도 없고 또 다이얼 번호를 기억하는 사람도 없었다. 어쩔 수 없이 동네의 열쇠 기술자를 초빙했다.

두 사람이 실패했으나 세 번째 기술자가 영화에서 보는 것처럼 캐비닛에 청진기를 대가며 천신만고 끝에 문을 열었다.

캐비닛 속에는 남아 있는 물건이 별로 없었다. 어머니가 미리 정리해 두신 것 같았다. 손으로 돌리는 '싱거' 미싱 하나, 귀금속을 달 때 쓰던 손저울이 두 개, 그리고 주석으로 만든 차단지가 하나 나왔다. '싱거' 미싱은 어머니가 젊어서부터 쓰던 것인데 그것으로 우리 옷을 만들어주시곤 했다. 여전히 잘 움직였고 골동품으로의 가치가 있을 것 같았다. 손저울은 금은방을 운영하던 외할아버지 것으로 족히 100년은 넘은 것이었다. 주석 차단지는 어머니가 처녀 시절부터 쓰던 것으로 겉에 꽃 그림이 새겨져 있었다. 어머니는 그것을 무척 아끼셨다.

밑에 있는 서랍 두 개는 역시 잠겨 있었다. 그 속에 무엇이 있는지 모두들 궁금해했다. 다행히 어머니의 소지품에 열쇠가 있었다. 어머니를 잃은 슬픔 속에 있던 우리 사 남매는 하던 일을 멈추었다. 호기심 어린 눈으로 모두 서랍을 바라보았다. 놀랍게도 그 속에는 약간의 현금이 있었다. 우리가 드린 용돈을 넣어 놓고는 잊은 것 같았다. 혹시 우리가 열어볼 것을 짐작하시고 일부러 남겨둔 것일까? 우리 사 남매는 어린 시절 어머니한테서 용돈을 받는 기분으로 그 돈을 나누었다. 어머니의 현금 유산인 셈이었다.

  어머니의 검정 캐비닛은 지금 우리 집 창고에 있다. 문을 잠그지 않았다. 그 속에 넣고 잠가둘 만큼 귀한 물건이 없기도 하거니와 왠지 캐비닛을 잠그면 어머니와는 아주 멀어질 것 같은 생각이 들어서이다. 캐비닛은 마치 어머니의 분신과도 같다. 나는 가끔 어머니가 사무치게 보고 싶을 때면 검정 캐비닛을 열어본다.

또 다른 학교

 의과대학 본과 4학년. 의사 국가고시가 얼마 남지 않은 가을이 되니 마음이 어수선했다. 과연 의사가 될 준비가 되었는가, 어떤 의사가 될 것인가 하는 생각들이 꼬리에 꼬리를 물었다.

 어디서 일하든 환자를 마음으로 돌보고 소외된 이들을 돕는 의사가 되어야 한다는 생각이 들었다. 그러기 위해서는 의사가 되기 전부터 경험과 훈련이 필요했다. 같은 생각을 하고 있는 선후배들을 만나 의기투합했다.

 때마침 용산시장에서 환자를 돌볼 자원봉사 학생을 찾는다는 소문을 듣고 몇 명이 그곳으로 갔다. 박 스테파노 수사를 만났다. 엄밀하게 말하면 '예수의 작은형제

회'라는 수도회에서 탈퇴해서 평신도이지만, 사람들은 그를 수사님이라고 불렀다. 자그마한 키에 통통한 몸집이었지만 무척 부지런해 보였다. 검은 뿔테 안경을 썼고 음성이 나지막했는데 왠지 사람을 끌어당기고 압도하는 힘이 느껴졌다. 그런데도 눈매는 한없이 편안해 보였다. 왼쪽 어깨에 멘 큼직한 헝겊 가방에는 많은 것을 담고 있는 듯했다.

시장 속 개천가에 천막이 두 개 있었다. 무허가였다. 한쪽 천막에서는 밥장사를 하고 있었다. 다른 식당에 비해 밥값이 반 정도로 쌌고 무한정으로 더 먹을 수 있었다. 집밥과 같은 맛을 낸다고도 했다. 시장 속에서 일하는 일용 노동자나 리어카꾼들이 주고객이었다. 그분들은 대부분 가족이 없이 시장 속에서 혼자 숙식을 해결해야 했다. 멀리서 식사를 하러 오시는 노인들도 있었다. 식사 시간에는 손님이 많아 개천가에서 담배를 피우면서 자리가 비기를 기다렸다. 의복이 남루했고 술에 취해서 비틀거리거나 몹시 마르고 아파 보이는 사람도 있었다.

밥을 사먹을 수 있는 사람은 그래도 좀 나은 편이었다. 문제는 다치거나 몸이 아파서 일을 하지 못하는 사람들이었다. 일을 못하면 밥을 굶었다. 병원에 가는 것은 꿈도 꾸지 못했고, 시장 한 귀퉁이에 아무렇게나 누워서 그냥 앓을 수밖에 없었다. 고통을 잊기 위해 술을 마신다고 했다.

'돈 없어도 밥 먹으러 오세요.'

아무리 이야기를 해도 올 수가 없었다. 그래서 박 수사님은 하루에도 몇 번씩 시장을 돌아다니며 구석구석에 누워 있는 사람들을 깨워서 천막 식당으로 데리고 왔다. 아픈 사람들은 병이 나을 때까지 일을 할 수 없었다. 잘 곳도 없었다. 하는 수 없이 천막을 하나 더 치고 나을 때까지 환자들을 먹이고 재우며 약을 주고 있었다. 시장 속 약국에서 약을 원가에 샀다. 환자 치료를 전적으로 맡아줄 전문가의 도움이 필요했다. 의과 대학생이라도 좋다고 했다.

박 스테파노 수사의 이야기를 듣고 있는 동안 다른 나라의 이야기를 듣는 것 같았다. 머리가 멍해졌고 그의 말이 믿기지 않았다. 그곳은 우리가 일할 곳이 아니라는 생각이 들었다. 빨리 집에 가고 싶었다. 다른 친구들도 당황한 표정이었다.

그곳을 떠나려는 우리에게 수사님은 시장 속을 한번 같이 돌아보자고 했다. 어디 한번 가보기나 하자는 생각에 따라나섰다. 이미 마음속에서는 다른 장소를 찾아 봐야지 하는 생각을 하고 있었다.

'가운을 입고 청진기를 들고 검사도 하면서 환자를 정식으로 봐야지 저렇게 술에 취해서 대화도 안 되는 사람들을 무슨 재주로 맨손으로 진단하고 치료를 하겠어?'

가을비가 온 뒤라 날은 쌀쌀했고 시장 속은 무척 더러웠다. 뜯어진 배춧잎이 양탄자를 깐 것처럼 온 시장을 덮고 있었다. 배추 잎 양탄자 밑에는 초록색 물이 고여 있었고 이상한 냄새도 났다. 걸을 때마다 찌꺽거리며 물이 신발을 적셨다. 바지에 그 물이 튈까 봐 조심조심 걷느라고 신경이 쓰였다. 수사님은 익숙한 듯 여기저기 다니며 누워 있는 사람들을 깨워 어디가 아픈지 물었다. 아픈 사람은 부축해서 천막으로 안내했고, 만나는 사람마다 천막으로 식사하러 오시라고 권유했다. 대부분 술에 취해 있었다. 그중에는 체온이 40도를 넘나드는 환자도 있었다.

천막으로 돌아오는 길에도 우리 마음은 변하지 않았

다. 수사님에게 다른 학생들을 찾아보시라고 단호하게 말했다.

수사님은 우리의 이야기를 듣고는 미소를 지으며 알겠다고 고개를 끄덕였다. 우리가 작별 인사를 하고 그곳을 떠나려 할 때 자기 이야기를 한마디만 들어보지 않겠냐고 낮은 목소리로 천천히 말했다.

"저분들은 거의 다 세상을 아무 희망이나 계획 없이 살아온 사람들이에요. 앞으로도 그렇게 살아가다 세상을 떠나겠지요. 의사를 만나본 적도 없어요. 지금 같은 환경에서 살면서 병원 진찰을 받아보는 것은 꿈도 꿀 수 없는 일이겠지요."

우리는 말없이 듣고 있었다.

"그런데 의사가 먼저 다가와서 진심 어린 친절한 말로 어디가 아프냐고 물어봐 주기만 해도 저분들의 병이 반쯤은 나을 것이고 자신들의 인생에서는 상상도 못했던 기쁜 사건이 될 겁니다."

"여러분에게 고도의 의술을 펼치라고 요구하지 않습니다. 그저 저분들의 손을 따뜻하게 잡고 어디가 아픈지, 어디가 불편하지 친절하게 물어만 봐줄 순 없어요?"

숨을 고르고 나서 수사님은 단호한 어조로 말을 이어 갔다.

"여러분이 그것도 할 수 없다면 나는 더 이상 여러분을 잡지 않겠어요."

수사님의 말에 우리는 아무런 대답을 할 수 없었다. 생전 처음 들어보는 이야기에 조금 전까지의 우리들 생각이 부끄럽기만 했다. 우리는 약속이나 한 듯이 모두 천막을 향해 걸었다.

수사님과의 만남으로 우리는 그때까지와는 다른 눈으로 세상을 볼 수 있게 되었다. 마치 장님이 눈을 뜬 것 같았다. 그날부터 우리는 용산시장에서 환자 진료를 시작했다. 그곳은 청진기가 아닌 따뜻한 마음을 목에 걸치고 의과대학에서 접하지 못한 것을 배우는 또 다른 학교였다.

풀 향기

 서울에서 길을 걷던 중이었다. 문득 어느 집 담과 보도블록 사이의 틈에 피어 있는 조그만 꽃을 발견했다. 줄기는 날렵하게 길고 적당히 균형 있게 가지를 뻗은 것이 늘씬한 서구 미인을 연상하게 했다. 꽃봉오리는 잎자루에 싸여 완전히 초록이다가, 활짝 핀 꽃은 직경이 채 5밀리미터도 되지 않지만 눈같이 하얀 꽃잎 위에 보라색 공기가 감도는 눈부신 자태를 가지고 있었다. 작지만 갖출 것은 다 갖춘 우아함을 뽐내고 있었다. 꽃이 진 것은 밤색 잎자루 주머니가 남아 검정색 씨를 여러 개 담고 있어, 유럽 어느 박물관에 있던 고대 중국 도자기 문양에서 본 듯한 모습을 하고 있었다. 향기가 날 법한데 내

코에는 맡아지지 않았을 뿐이다.

벼르고 별러 가까운 시골에 땅을 마련하게 되었다. 주변으로 뺑 돌아 쥐똥나무를 심어 담장을 대신했다. 집 주위에는 잔디를 옮겨 심었고 남는 땅 한쪽에는 밭을 일구어 여러 가지 쌈 채소들과 가지, 깻잎, 호박, 오이, 고추, 고구마 등을 조금씩 심었다. 생전 처음 해보는 일이었고 그것도 주말에만 할 수 있어 밭을 가꾸는 일이 쉽지 않았다. 다만 맑은 공기와 푸른 하늘을 만날 수 있는 것은 정말 큰 즐거움이었다. 밤하늘에 쏟아질 듯이 담겨 있는 별, 시시각각 변하는 먼 산의 모습, 비라도 올라치면 산머리에 걸쳐지는 신비한 구름, 어린 시절에 보았던 여러 가지 곤충들과 이름 모를 들꽃들을 바라보면서 마치 몇십 년 전 헤어진 친척을 만난 듯이 가슴이 뻐근하고 뿌듯해졌다. 주중에 일을 하다가 피곤할 때에도 눈을 감고 그곳을 생각하면 일시에 마음이 푸근해 졌다. 그 시골의 모습은 언제나 원할 때 꺼내보는 "내 마음의 보석 상자"가 되었다.

문제는 한 주일만 지나면 잔디와 채소밭에서 무릎까지 자라는 잡초를 뽑는 일이었다. 두 주일 만에 가는 때에는 풀이 허리 높이까지 자라서 채소들이 어디 있는지 찾기 힘들 정도였다. 어떤 때는 도착해서 풀을 뽑기 시작해서는 밥 먹고 잠자는 시간을 제외하고는 계속 풀만 뽑다가 서울로 돌아오게 되는 경우도 생기게 되었다. 벌레에 물려 한 사흘을 긁적거려야 함은 물론이고, 다리가 아파 며칠 동안은 엉덩이를 뒤로 빼고 어기적거리며 걸어야 하는 어려움을 겪었다. 그때는 전원생활을 즐기는 것은 나와는 아무 상관없는 일처럼 생각되었다. 또 서울에서 길을 걷다가 남의 집 화단에 있는 풀을 보아도 습관적으로 주저앉아서 뽑게 되어, 꿈에 그 원수 같은 풀이 보이지 않는 것이 신기할 정도였다.

몇 년이 지나니 잡초의 존재에 대해서 관대해지게 되었다. 한편으로는 밭의 풀을 완전히 뽑는 것을 포기하기도 했고, 다른 한편으로는 마음의 여유도 생긴 덕인 것 같았다. 어느 날 풀을 뽑다가 문득 풀에서 나는 향기를 맡게 되었다. 냄새를 잘 못 맡는 나에게는 정말 놀라운 경험이었다. 그때까지는 보기만 하면 뽑아 치워야 하는 대상이었던 잡초가 그 나름대로의 아름다움을 가지고 있다는 사실을 알게 된 후 희열마저 느끼게 되었다. 그 뒤부터는 풀을 뽑는 일이 전처럼 강박관념에 사로잡혀 하는 일이 아니었다. 잡초들의 다양한 모양도 살피고 향기도 맡으면서 그들의 강인한 생명력에 경탄하는 새로운 발견의 시간이 되었다.

사실 그 많은 들판의 풀과 꽃들 중에 사람의 눈에 들어 선택되었던 것들은 화초로 사랑받았고 그렇지 못하면 버려지게 되어 잡초로 남았으리라. 그 화초의 자손들은 세상에 나올 때부터 화초로 태어나 온실에서 보호받으며 삶을 시작하고 있다. 반대로 잡초들은 거친 세상을 살아남기 위해 모진 풍상을 겪으며 들판에서 인고의 세월을 보내오지 않았을까? 인간 세상도 마찬가지일 것 같다. 좋은 환경에서 태어난 덕분에 자신의 능력과 상관없이 좋은 지위와 편안한 위치에서 사는 사람들이 있지 않는가. 또 같은 능력을 가지고 있고 노력도 하는데 어떤 사람은 그늘에서 지내야 하는 경우도 있겠다. 다만 그 잡초들이 화초로 사는 것을 정말 부러워하는지, 또 잡초로 사는 것이 꼭 불행한 일인지는 확실하지 않다. 또 운 좋게 화초가 된 경우라면 늘 겸손해야 하지 않겠는가.

나는 잡초의 이름을 알기 위해 들꽃의 사진이 있는 책

들도 사서 보게 되었다. 돌이켜 생각하면, 충분히 아름다우면서도 뽐내지 않는 겸손과, 남들이 관심을 가져주지 않아도 어려운 환경 속에서 자신의 삶을 위해서 최선을 다하는 덕성이 풀 향기의 근원이라는 것을 알아채는 데에 그만큼의 세월이 나에게 필요했던 것 같다.

작은 소망

우리 부부는 동갑이다. 굳이 따지면 내가 6개월 연상이다. 한국 남성 평균수명은 77세, 여성은 84세라고 하니 아내가 나보다 7년 정도 더 살 가능성이 있다.

오래 사는 것도 중요하지만 즐겁고 건강하게 살아야 오래 사는 의미가 있다. 노년을 맞이하면서 즐겁게 살아야지 하다가도 슬쩍 치매가 걱정이 된다. 주변의 치매 환자들을 보니 일찍 사망하지는 않지만 성격이 변해서 주변 사람들을 괴롭게 만든다. 스스로 생활을 유지할 수 없거나 심지어 위험한 행동을 하는 경우에는 누군가 하루 종일 붙어서 간호하지 않으면 안 된다. 그런데 요즘 같은 맞벌이 시대에 가족 중에 치매 환자가 생기면 집에서 돌보는 것은 현실적으로 어렵다.

 장인, 장모가 모두 치매에 걸리셨다. 장인은 오래전에 치매가 온 뒤에 세상을 떠나셨다. 장모는 치매 초기에 평생 당신을 모시고 산 큰 처남댁을 과도하게 괴롭히셨다. 밥에 약을 탔다거나 돈을 훔쳐 갔다고 야단하셨다. 가족들이 정신과 치료를 생각할 만큼 힘들어할 때쯤 치매 진단을 받게 되었다. 발병 후 십 년 넘게 요양병원에 계시다가 세상을 떠나셨다.

 아버지는 팔십 대 초반에 중풍이 온 뒤 세상을 떠나셨다. 어머니는 아흔 살 넘어까지 건강하셨다. 몇 년 전 어머니와 같이 헬스클럽에서 운동하는 사람들이 어머니가 이상하다고 말해주기 전까지는 가족들이 어머니의 치매를 알아채지 못했다. 받아들이기가 매우 힘들었다. 결국 사람을 알아보지 못하는 상태로 입원 중 먼 길을 떠나셨다.

 내가 치료하던 칠십 대의 한 여성 환자는 상당히 곱고 지적인 분이었다. 위암으로 항암 치료를 받으면서도 부작용을 침착하게 잘 견뎠다. 뿐만 아니라 이해심이 많아 늘 주변 환자들을 위로해주었다. 그런데 어느 날부터 치매 증상이 나타나기 시작했다. 의료진에게 타당하지 않은 불만을 매일 쏟아낼 뿐만 아니라 여러 가지 이유로 남편을 의심하고 욕까지 해대는 것이었다. 팔십 대 초의 점잖은 남편은 그런 부인의 행동을 모두 받아주고 끝까지 정성껏 돌보아주었다. 참 좋아 보였다.

우리는 양가 부모의 발병으로 치매에 관심을 가지게 되었다. 근거가 확실치 않지만 어머니만 치매에 걸린 나보다, 부모가 모두 치매에 걸린 아내가 장차 치매에 걸릴 가능성에 대한 두려움이 더 컸다.

아내에게 치매가 오고 성격이 다른 사람처럼 변한다면 누가 돌볼 수 있을까. 큰딸은 평생 직장 생활을 할 것이고, 외국에서 살고 있는 작은딸은 엄마가 병들었다고 한국에 와서 간호할 입장이 아니다. 결론은 내가 아내보다 오래 살아서 직접 돌보는 것이었다. 그래서 나는 아내가 치매에 걸리면 내가 돌봐줄 거라고 말하곤 했다. 체력을 기르기 위해 운동도 열심히 하고 있다.

그러다 몇 년 전 갑자기 내가 중병에 걸렸다. 한순간에 내 생명과 함께 가진 모든 것을 포기해야 할지도 모르는 상황이 닥쳤다. 피할 방법이 없었다. 그런데 그때 내가 죽을지 모른다는 사실보다 내가 없어지면 아내가 치매에 걸렸을 때 누가 돌볼지에 대한 걱정이 먼저 떠올랐다. 그래서 그 정신이 없던 와중에도 딸들에게 엄마에 대한 당부를 먼저 했다.

다행히 힘들고 무서운 치료를 잘 견뎠고 나의 병세는 삶과 죽음의 경계선에서 삶 쪽으로 기울었다. 아내는 철인 같은 정신력으로 나를 간호해주고 집안 관리도 해냈다. 결과가 매우 좋아서 발병 이전에 기대하던 수명을 기대할 수 있는 기회가 생겼다. 그리고 나는 다시, 아내가 치매에 걸리면 내가 돌봐줄 거라고 말할 수 있게 되었다.

사실 우리 부부 중 누가 정말 치매에 걸릴지는 아무도 모른다. 아내가 치매에 걸렸을 때 돌보고자 하는 것은 그녀의 마지막 모습을 가능한 한 아름답게 지켜주고 싶은 나의 작은 소망 때문이다. 아내가 평생 내조를 잘 해준 것에 대한 감사의 마음도 더하고 싶다. 나는 오늘도 아내에게 이렇게 말한다.

"여보, 당신은 내가 돌봐줄 거야."